Raphael Kirsch

Ich zähl' jetzt bis drei!

... oder wie es besser geht: authentisch und wirksam mit Schülerinnen und Schülern kommunizieren

PERSEN

Raphael Kirsch vermittelt in seinen Seminaren, in Coachings und bei Keynotes das Know-how für den pädagogischen Alltag, das es weder in der Ausbildung noch im Studium gibt.

Der zweifache Familienvater ist einer der meistgebuchten Trainer und Referenten für pädagogische Einrichtungen. Als zertifizierter Deeskalationstrainer, systemischer Coach/Berater und Trainer für Schutz- und Abwehrtechniken schult er seit vielen Jahren Pädagoginnen und Pädagogen im Umgang mit herausfordernden Situationen mit Schülerinnen und Schülern, Eltern, Kolleginnen und Kollegen und Behörden wie dem Jugendamt. Er arbeitet dort, wo Menschen in Konflikte geraten.

Seine Expertise und Berufserfahrung stammen aus dem Bereich der Kinder- und Jugendpsychiatrie, der Arbeit für Jugendämter, diverser Kontakt- und Krisenstellen und unzähligen Seminartagen an Schulen und in Kitas.

Wir verwenden in unseren Werken eine genderneutrale Sprache, damit sich alle gleichermaßen angesprochen fühlen. Wenn keine neutrale Formulierung möglich ist, nennen wir die weibliche und die männliche Form. In Fällen, in denen wir aufgrund einer besseren Lesbarkeit nur ein Geschlecht nennen können, achten wir darauf, den unterschiedlichen Geschlechtsidentitäten gleichermaßen gerecht zu werden.

In diesem Werk sind nach dem MarkenG geschützte Marken und sonstige Kennzeichen für eine bessere Lesbarkeit nicht besonders kenntlich gemacht. Es kann also aus dem Fehlen eines entsprechenden Hinweises nicht geschlossen werden, dass es sich um einen freien Warennamen handelt.

1. Auflage 2024

AAP Lehrerwelt GmbH
Veritaskai 3
21079 Hamburg
Telefon: +49 (0) 40325083-040
E-Mail: info@lehrerwelt.de
Geschäftsführung: Andrea Fischer, Sandra Saghbazarian
USt-ID: DE 173 77 61 42
Register: AG Hamburg HRB/126335

Autorschaft: Raphael Kirsch
Covergestaltung: Graph & Glyphe /// Büro für Ausdrucksstärke, Schutterwald
Coverillustration: Daniela Teichmann
Coverfoto: Raphael Kirsch
Illustrationen: Daniela Teichmann
Layout und Satz: Graph & Glyphe /// Büro für Ausdrucksstärke, Schutterwald
Druck und Bindung: Design and printing JSC KOPA, Kaunas

ISBN/Bestellnummer: 978-3-403-21240-9
www.persen.de

INHALT

Vorwort 4

Bevor es losgeht: Ich brauche dein Commitment 6

Der Blick auf deine eigene Persönlichkeit 7
- Der Blick in den eigenen pädagogischen Spiegel 14
- Deine Knöpfe 16

Klare Kommunikation mit Schülerinnen und Schülern – was steckt dahinter? 17
- Der Authentizitätseffekt 17
- Grundlagen der Kommunikation 20
  - *Loben* 20
  - *Anerkennen und verstehen* 22
  - *Das Warum in Konfliktsituationen* 22
  - *Meinungsverschiedenheiten und konstruktive Kritik* 24
  - *Kritik nicht persönlich nehmen* 25
  - *Präventive Deeskalation – der Zauberschlüssel* 26
  - *Klare Ansagen* 28
- Der Umgang mit eigenen negativen Emotionen 30
- Sich selbst runterfahren, wenn der Pegel steigt 31

Schülerinnen und Schüler gezielt und lösungsorientiert durch Fragen unterstützen 32
- Verschiedene Arten von Fragen 32
- Nach Ressourcen, Lösungen und Hypothesen fragen 33
- Skalieren, Vergleichen, Wirklichkeitskonstruktion, Was-wäre-wenn? 37
- Zirkuläres Fragen, paradoxe Frage, die Wunderfrage 40

Eine Frage der Persönlichkeit 43
- Leader-Kinder 44
- Konzept-Kinder 47
- Chaos-Kinder 51
- „Ich mach´ das"-Kinder 55
- Welcher Typ bist du und was bedeutet das für deine Arbeit? 60
- Schülerinnen und Schüler, die Angst haben 62
- Schülerinnen und Schüler, die distanzlos sind 63

Praktisches für den Schulalltag 67
- Klassenregeln, die funktionieren 67
- Strafen, Konsequenzen, Belohnungen 68
- Das goldene Zeitfenster für Konsequenzen 72
- Konsequenzenplakat statt Regelplakat 73
- Ampelsysteme, Elternbriefe & Co. 75
- Unterrichtstörungen minimieren 80
  - *Die Hauptursache für Unterrichtsstörungen* 81
  - *Unterrichtsstörungen minimieren* 81
  - *Was hilft, wenn es zu Unterrichtsstörungen kommt* 83

Gute Vorbereitung als Basis für souveräne und authentische Kommunikation 84
- Gut gewappnet für Unterrichtsstörungen 84
- Deine Top-5-Herausforderungen 89

Meine Übungsfälle für dich 93

Klar statt *irgendwie komisch* mit Schülerinnen und Schülern kommunizieren – was bedeutet das eigentlich? Warum ist es dafür wichtig, dass du deine eigene Persönlichkeit gut kennst und die verschiedenen Charaktere in deiner Klasse einzuschätzen weißt? Wir kannst du bestmöglich Klassenregeln aufstellen und warum verfehlen meiner Meinung nach Ampelsysteme ihr Ziel? All diesen Themen gehen wir gemeinsam in diesem Workbook auf den Grund.

Was erwartet dich in diesem Workbook?

In diesem Buch findest du viele Anregungen, Ideen und Tipps aus meinen über 15 Jahren Berufserfahrung, die ich dir gerne mitgeben möchte – damit du es leichter hast! Aber: Es sind nur Ideen. Du bestimmst, was du draus machst. Suche dir das heraus, was zu dir passt, und passe es auf deine Bedürfnisse und deine Persönlichkeit an. Ich will dir kein Schema F vorgeben, denn es ist mir extrem wichtig, dass du als Lehrkraft authentisch bist. Verstehe dieses Workbook bitte als Einladung und Begleitung für deinen eigenen, ganz persönlichen Weg!

Die Aufgaben annehmen

Dieses Workbook enthält verschiedenste Aufgaben, um deren Bearbeitung ich dich bitte. Einige Aufgaben werden dir vielleicht banal vorkommen, aber auch sie haben ihre Berechtigung und sind wichtig. Bitte widme dich auch diesen scheinbar einfachen Aufgaben mit genauso viel Herzblut wie jenen Aufgaben, die dich besonders interessieren oder herausfordern.

Sicherlich werden dir ebenso Aufgaben begegnen, auf die du keine Lust hast. Zum Beispiel weil du das Gefühl hast, dass du diese Aufgaben schon tausend Mal gemacht hast, oder weil diese Aufgaben viel mit dir zu tun haben. Nimm dich bitte auch diesen Aufgaben mit all deiner Aufmerksamkeit an.

Nur wenn du alle Aufgaben in diesem Workbook mit gleicher Hingabe und Sorgfalt bearbeitest, kannst du auch entsprechend in die Tiefe gehen. Je mehr du bereit bist, in die Tiefe zu gehen, umso mehr kannst du die sicherste und souveränste Version von dir selbst werden. Ich freue mich, wenn wir diesen Weg ein Stück gemeinsam gehen!

Grenzen akzeptieren und Pädagoginnen und Pädagogen mit Herz

Als zertifizierter Deeskalationstrainer, systemischer Coach/Berater und Trainer für Schutz- und Abwehrtechniken schule ich seit vielen Jahren Pädagoginnen und Pädagogen im Umgang mit herausfordernden Situationen mit Schülerinnen und Schülern, Eltern, Kolleginnen und Kollegen und Behörden wie dem Jugendamt. Ich arbeite dort, wo Menschen in Konflikte geraten. Meine Expertise und Berufserfahrung stammen aus dem Bereich der Kinder- und Jugendpsychiatrie, der Arbeit für Jugendämter, diverser Kontakt- und Krisenstellen und unzähligen Seminartagen an Schulen und in Kitas.

Kurzum: Ich habe wirklich viel gesehen, viel erlebt und daraus gute und praxisnahe Handlungsmuster abgeleitet. Aber all das bedeutet noch lange nicht, dass es mir immer gelingt, dieses Wissen auch anzuwenden. Es gibt immer noch Konflikttypen und Verhaltensweisen, die mich an mein Limit bringen, und auch ich kann und will nicht immer hundertprozentig konsequent sein. Mir rutscht auch ab und zu bei meinen eigenen Kindern (denen gebührt an dieser Stelle Dank!) der titelgebende Satz für dieses Workbook „Ich zähl′ jetzt bis drei!“ raus – in der Hoffnung, dass das doch jetzt bitte funktionieren soll.

Was ich damit sagen will: In diesem Workbook steckt unglaublich viel Hilfreiches für dich, aber es ist weder als Besserwisserei noch als erhobener Zeigefinger gemeint. Genauso wie ich spreche, schreibe ich auch – frei, geradeaus und mit einer guten Portion Ruhrpottcharme. Wenn der Ton hier mal salopper oder schnodderiger wird, so lies es bitte mit Humor.

Ich wünsche mir für dich, dass dir dieses Workbook hilft, deinen pädagogischen Alltag spürbar leichter zu machen. Gleichzeitig wünsche ich mir für dich, dass es für dich okay ist bzw. wird, Fehler zu machen, nicht perfekt zu sein und dass du nicht den Anspruch entwickelst, alle Konflikte immer souverän abwickeln zu können.

Denn das, was Pädagogik braucht, sind Menschen. Menschen mit Ecken und Kanten, mit viel Herz und Bauchgefühl, die auch mal Fehler machen – weil sie echt sind.

Vielleicht ist ja das schönste, größte und erstrebenswerteste Ziel, dass du nach diesem Workbook schneller und häufiger merkst, wenn du doch mal nicht so gehandelt hast, wie du es dir selbst gewünscht hast. Und dass du dann schneller, häufiger und am Ende auch wertvoller in die Reflexion gehen kannst. Damit du es morgen etwas besser machen kannst als heute.

Nobody is perfect! In diesem Sinne: Viel Freude mit diesem Workbook wünscht dir

Raphael

PS: Schaue auch gerne mal auf meinen Kanälen vorbei. Da gibt es immer neue Tipps und Tricks.

Web:
raphaelkirsch.com

Instagram:
raphael_kirsch_training

Podcast:
Ich Eskalier Gleich

Weitere Produkte von mir findest du beim PERSEN Verlag: *www.persen.de/raphael-kirsch*

DANKSAGUNG

An dieser Stelle möchte ich einmal Danke sagen. Danke an all die Menschen, die mich in den letzten Jahren so unterstützen haben, dass es mich, meine Arbeit und dieses Workbook überhaupt geben kann.

Danke an meine Frau Jana und an meine beiden Kinder für jahrelanges „Spinnereienertragen“ und Rückenfreihalten.

Ein Dank geht auch an Silvia Gelhausen, die durch ihre Unterstützung mit dafür gesorgt hat, dass es meine Arbeit in der heutigen Form überhaupt geben kann. Zudem hat sie dieses Workbook mit vielen Impulsen bereichert.

BEVOR ES LOSGEHT: ICH BRAUCHE DEIN COMMITMENT

Gleich zu Beginn dieses Workbooks möchte ich dein Commitment einholen. Damit meine ich aber nicht das Commitment, dass du dieses Workbook gewissenhaft durcharbeitest. Davon gehe ich selbstverständlich aus.

Ich möchte gerne dein Commitment zu:

Ich bin bereit, ausgetretene Pfade zu verlassen und neue Perspektiven und Ideen anzunehmen.

Ich bin bereit, zu akzeptieren, dass es für viele Situationen kein Standard-Handwerk und keinen Standard-Leitfaden gibt. Jede Situation ist einzigartig.

Ich bin bereit meine eigenen Anteile zu betrachten und mein eigenes Denken und Handeln zu hinterfragen.

Ich bin bereit, anzuerkennen, dass jede Strategie nur so gut ist wie die Bereitschaft und die Haltung der Person, die sie anwendet. Deshalb liegt das größte Potenzial für das Gelingen in mir selbst und in meiner Haltung.

Ich bin bereit zu akzeptieren, dass sich Konflikte und Krisensituationen auch mit der besten Strategie und Haltung nicht verhindern lassen, sondern dass dadurch nur die Wahrscheinlichkeit sinkt.

Wenn du hierzu JA sagst, dann lass uns gemeinsam starten!

Der folgende Teil dieses Workbooks widmet sich dir und deiner Persönlichkeit. Diese Reflexion ist meiner Meinung nach eine unverzichtbare Grundlage für die pädagogische Arbeit. Es lohnt sich einfach zu wissen, wie du wirkst, was dein Handeln auslöst und wie du auf andere Menschen eine positive Wirkung haben kannst. Deine Kommunikation mit Schülerinnen und Schülern wird davon profitieren, wenn du dich selbst gut kennst.

Wie du eine Situation, ein Verhalten oder eine Äußerung wahrnimmst, bewertest und darauf reagierst, hängt ganz maßgeblich von deinen Prägungen und Erfahrungen ab. Für dich bedeutsame Erlebnisse und Erfahrungen werden in verschiedenen Situationen manchmal bewusst, meist aber unbewusst, angesprochen. Dann springen Automatismen an. Genau deshalb lohnt es sich, dass du dich im Rahmen dieses Workbooks mit dir selbst auseinandersetzt und dich noch besser kennenlernst.

Bitte erarbeite die folgenden Fragen mit hoher Bereitschaft zur Selbstreflexion. Folge gerne den ersten Impulsen, die sich als mögliche Antwort auf die kommenden Fragen ergeben. Höre auf deinen Bauch und folge deinem Herzen.

Gib dich bitte nicht mit der ersten Antwort zufrieden. Reflektiere, überprüfe und ergänze deine Antworten von Zeit zu Zeit. Verschriftliche neue Erkenntnisse so, dass ältere Überlegungen erhalten bleiben und neu entstandene Notizen als solche gekennzeichnet sind.

Ziel der Fragen ist, Rückschlüsse auf deine bisherigen Kommunikations- und Konfliktstrategien zu gewinnen. Die Auseinandersetzung mit deiner eigenen Persönlichkeit und deinen eigenen Mustern lohnt sich – ich verspreche es dir!

Der Blick auf die eigene Biografie kann anstrengend und umfangreich sein. Nimm dir Zeit und arbeite Stück für Stück daran. Mache Pausen, wann immer du sie benötigst.

Wenn dies nicht dein erstes Workbook von mir ist, kennst du diesen Teil meiner Arbeit schon. Bitte nimm dir trotzdem Zeit für diese Inhalte.

Wie war mein bisheriger Lebensweg? Welche Ereignisse und Menschen haben mich besonders geprägt? Gibt es besondere Ereignisse oder Menschen, die meine Kommunikation geprägt haben?

Sammle positive und negative Erlebnisse, an denen du gewachsenen bist.

Wie habe ich Beziehungen erlebt? Wie gestalte ich Beziehungen? Schaue hier bitte besonders auf den Aspekt der Kommunikation.

....

....

....

....

....

....

....

....

....

....

....

....

Was will ich an andere weitergeben? Was will ich auf gar keinen Fall so machen wie z. B. ein Elternteil oder andere Personen? Schaue bitte auch hier besonders auf den Aspekt der Kommunikation.

....

....

....

....

....

....

....

....

....

....

....

....

Welche Institutionen wie Kita, Schule, Ausbildungsinstitut oder Universität haben mich geformt? Welche Formen der Kommunikation sind mir besonders im Gedächtnis geblieben (z. B. bestimmte Sätze – positiv wie negativ)?

Welche Personen waren auf meinem Wissensweg meine Wegbegleiter? Welche Personen sind mir noch im Bewusstsein? Welche Formen der Kommunikation sind mir besonders im Gedächtnis geblieben (z. B. bestimmte Sätze – positiv wie negativ)?

Welche Ressourcen, Fähigkeiten und Verarbeitungsstrategien zeichnen mich und meine Kommunikation aus? Sind mir diese bewusst?

Befrage drei Personen, die dir nahestehen: Welche Eigenschaften schätzen sie an dir? Was zeichnet ihrer Meinung nach deine Kommunikation aus?

Person 1	Person 2	Person 3

Schaffe einen Abgleich zwischen Eigen- und Fremdwahrnehmung.

Eigenwahrnehmung	Fremdwahrnehmung

Welche Rollen habe ich inne? Welche Erwartungen habe ich an diese Rollen? Verbinde ich eine bestimmte Art der Kommunikation mit diesen Rollen?

Gerate ich in Rollenkonflikte und wie gehe ich damit um? Wir kommuniziere ich die Rollenkonflikte?

Welche kulturellen, religiösen und/oder spirituellen Einflüsse habe ich erlebt? Ist für mich damit eine bestimmte Art der Kommunikation verbunden? (z. B. Dinge, die ich nicht ausspreche)

Abschließende Betrachtung

Schaue nun noch einmal zusammenfassend über deine Notizen.

Welche Fallen (der Kommunikation) kannst du erkennen, in die du aufgrund deiner Prägungen tappst?

Welche (kommunikativen) Automatismen erkennst du bei dir?

Welche möglichen (kommunikativen) Reaktionswege erkennst du bei dir?

Der Blick in den eigenen pädagogischen Spiegel

Nachdem du auf deine eigene Persönlichkeit im Allgemeinen geschaut hast, möchte ich dich nun bitten, noch mal ganz genau auf dich als Lehrkraft zu blicken. Wie nimmst du dich als Lehrkraft wahr? Wofür möchtest du als Lehrkraft stehen? All das wirkt sich auch auf deine Kommunikation mit Schülerinnen und Schülern aus.

Bitte nimm dir auch hier ausreichend Zeit, die Fragen ausführlich zu beantworten. Du kannst gerne Mindmaps, Skizzen oder Ähnliches anlegen.

Wofür möchtest du als Lehrkraft stehen – gerade mit Blick auf die Kommunikation mit Schülerinnen und Schülern?

Was ist dir in der Kommunikation mit Schülerinnen und Schülern besonders wichtig?

Gibt es etwas, was du dir in deiner Kommunikation mit Schülerinnen und Schülern verbietest, zum Beispiel das Zeigen von negativen Emotionen?

Wo bist du in deiner Kommunikation mit Schülerinnen und Schülern wertvoll, wo manchmal weniger?

Wo hast du dich im Griff und wo verlierst du die Fassung? (zum Beispiel bei der Verwendung von bestimmten Worten oder Formulierungen durch Schülerinnen und Schüler)

Was passiert mit deiner Kommunikation gegenüber Schülerinnen und Schülern, wenn du gestresst verlierst? Wirst du leiser, lauter, ...?

Deine Knöpfe

Notiere bitte eine Woche lang, welche Knöpfe es bei dir gibt. Und damit meine ich nicht die Knöpfe an deiner Jacke oder Hose, sondern die Knöpfe, die Menschen drücken müssen, um bestimmte Reaktionen hervorzurufen. **Was tickt dich an, was berührt dich?**

Zum Beispiel:

- Du bist sehr penibel.
- Du achtest sehr auf das soziale Miteinander.
- Du kannst Ungerechtigkeit schlecht aushalten.

Gerade Kinder haben einen guten Sinn dafür, welche Knöpfe Erwachsene haben, die sie drücken müssen, um an das zu kommen, was sie brauchen. Schlussendlich geht es immer um Bedürfnisbefriedigung.

Finde bitte heraus, was dich antreibt und motiviert. So kannst du dich viel besser darauf einstellen und gelassener reagieren, wenn Schülerinnen und Schüler versuchen, deine Knöpfe zu drücken.

Sich selbst gut einschätzen und deeskalieren zu können, ist DER Schlüssel zu einem entspannten Miteinander.

Der Authentizitätseffekt

Wir agieren viel besser mit Menschen und werden deutlich stärker als zu respektierende Person wahrgenommen, wenn wir authentisch sind. Authentisch sein bedeutet: Das, was du bist, stimmt mit dem überein, was du nach außen hin transportierst – unter anderem in der Art, wie du kommunizierst.

Es kann – gerade im beruflichen Kontext – jedoch schnell passieren, dass man versucht, eine Rolle zu spielen, und dadurch an Authentizität einbüßt. Dabei werden zum Beispiel Formulierungen benutzt, die nicht die eigenen sind und dadurch irgendwie hölzern oder schräg wirken. Kinder und Jugendliche haben einen hervorragenden Radar dafür, ob wir authentisch sind oder nicht.

Beispiele gefällig?

- Du bist privat ein sehr strukturierter und gut organisierter Mensch. Auch als Lehrkraft hältst du an deiner Struktur und Organisationsstärke fest. Das ist authentisch.
- Eigentlich bist du privat ein stiller, harmonischer Mensch, aber als Lehrkraft knallst du regelmäßig deine Tasche aufs Lehrerpult und wirst laut, um dir Gehör zu verschaffen. Das ist nicht authentisch! Die Schülerinnen und Schüler merken hier schnell, dass etwas nicht stimmt.

Wir Menschen haben viele Mechanismen in unserem Kopf, die uns helfen, unsere Umgebung blitzschnell und unbewusst einzuschätzen. Kindern und Jugendlichen gelingt dies oft besonders gut.

Bist du nicht authentisch, merken das deine Schülerinnen und Schüler – und du hast von Anfang an ein grundsätzliches Problem in deiner Klasse!

Wenn du also ein eher stiller Mensch bist, dann sei das auch in deiner Klasse. Denke daran: laut zu sein, hat nichts mit einer starken, durchsetzungsfähigen Ausstrahlung zu tun.

Real Talk: Du verkaufst deine Schülerinnen und Schüler in den Momenten für dumm, in denen du etwas lebst, was du nicht bist. Die Kinder und Jugendlichen merken es. Versprochen! Wenn du als Lehrkraft respektiert werden möchtest, sei authentisch. Dabei spielt deine Kommunikation eine wichtige Rolle.

Bitte nimm dir Zeit und notiere, was dich privat und beruflich ausmacht. Gehe gerne verschiedene Situationen im Kopf durch (z. B. Zusammensein mit Freunden und Familie, in Konfliktsituationen ...) und schaue auch besonders auf den Aspekt der Kommunikation.

So bin ich privat:	So bin ich beruflich:
....	....
....	....
....	....
....	....
....	....
....	....
....	....
....	....
....	....
....	....
....	....
....	....
....	....
....	....
....	....
....	....
....	....
....	....
....	....
....	....
....	....

Kleiner Spickzettel:

aufgeschlossen, organisiert, chaotisch, diskussionsfreudig, emotional, anspruchsvoll, risikofreudig, harmonieliebend, feinfühlig, arbeitsam, sanftmütig, ernst, ängstlich, hilflos, angepasst, neidisch, extrovertiert, gelassen, friedliebend, bedacht, verbissen, begeisterungsfähig, kühl, berechnend, beherrscht, dickköpfig, diszipliniert, gründlich, tolerant, humorvoll, lebhaft, reserviert, ruppig, starrköpfig, übergenau, vorsichtig

Hast du Situationen entdeckt, in denen du dich privat ganz anders verhältst als beruflich? Welche beruflichen Situationen sind das? Warum ist dein Verhalten in diesen Situationen anders? Hast du das Gefühl, eine Rolle spielen zu müssen? Und wenn ja, warum?

....

....

....

....

....

....

Wo merken die Kinder und Jugendlichen, dass du eine Rolle spielst? Woran merkst du, dass es ihnen auffällt?

....

....

....

....

....

....

....

....

Warum gibt es immer wieder Lehrkräfte oder Referendarinnen und Referendare, die neu in eine Klasse kommen und innerhalb von wenigen Sekunden bei allen Schülerinnen und Schülern unten durch sind und nicht wissen, woran das liegt? Ich hab' da ´ne Idee: Ich denke, es hat was mit Authentizität zu tun …

An welchen Stellen wärst du gerne authentischer? Wie könnte dein authentischeres Verhalten konkret aussehen?

....

....

....

....

....

....

Grundlagen der Kommunikation

Im Folgenden möchte ich dir ein paar Grundlagen der Kommunikation an die Hand geben. Von einigem davon hast du sicherlich schon gehört. Ich möchte dich aber bitten, auch dir vermeintlich schon Bekanntes genauso sorgfältig zu bearbeiten und vor allem für deinen beruflichen Kontext gründlich zu betrachten.

Loben

Loben als Lehrkraft? Na klar, wirst du mir jetzt antworten. Ist doch eine Selbstverständlichkeit!

Aber auch wenn es für dich eine Selbstverständlichkeit ist, deine Schülerinnen und Schüler zu loben, möchte ich dich bitten, hier genauer hinzuschauen und für dich zu analysieren, wie du Wertschätzung ausdrückst.

Was macht gutes Lob aus?

- Benenne konkrete Beispiele und setze diese konkret in Bezug zur Person (ihre Eigenschaften und Fähigkeiten). Beispiel: „Großartig, dass du deine Bastelmaterialien so gut auf deinem Tisch sortiert hast. Ich freue mich darüber, wie gut du organisiert bist."

- Den Mehrwert benennen, die die Person durch ihr Engagement geschaffen hat (z.B. Arbeitserleichterung für andere; gestiegene Zufriedenheit bei allen Kindern/Jugendlichen). Beispiel: „Großartig, dass du in der Gruppenarbeit alle unterstützt hast, sodass ihr in der Gruppe zu einem sehr guten Ergebnis gekommen seid."

- Bitte nutze keine allgemeinen Floskeln oder Phrasen, diese verlieren schnell an Bedeutung.

- Denke auch an nonverbales Lob (z.B. Hand auf die Schulter legen, freundlich-anerkennender Blick, Zunicken).

Nimm dir bitte etwas Zeit und überlege, wie du lobst. Hast du zum Beispiel Sätze, die du regelmäßig nutzt? Gibt es bestimmte Situationen, in denen du besonders oft lobst?

....

....

....

....

....

....

Verfolgst du bestimmte Ziele mit deinem Lob? Unterscheiden sich die Ziele und das Lob bei bestimmten Schülerinnen und Schülern?

....

....

....

....

....

....

Bitte beobachte in der kommenden Woche dein Lob und notiere, welche Schülerinnen und Schüler du wann und für was gelobt hast.

Schülerin/Schüler	Lob	Situation
....	....	....
....	....	....
....	....	....
....	....	....
....	....	....
....	....	....
....	....	....
....	....	....
....	....	....
....	....	....
....	....	....
....	....	....
....	....	....
....	....	....
....	....	....
....	....	....
....	....	....
....	....	....
....	....	....

Betrachte nach einer Woche deine Liste. Gibt es Schülerinnen und Schüler, die kein Lob bekommen haben oder eventuell unter deinem Lob-Radar geflogen sind, sodass du sie nicht wahrgenommen hast? Notiere bitte deine Gedanken dazu.

....

....

....

....

....

....

....

Anerkennen und verstehen

Du kennst es sicherlich: Das Verhalten oder die Gefühle und damit verbundene Äußerungen von Schülerin X oder Schüler Y sind für dich nicht so richtig nachvollziehbar. Aus Sicht des Kindes haben sie aber einen Grund und eine Berechtigung.

Für dich als Lehrkraft kann es sehr hilfreich sein, die Einstellung einer Person oder ein bestimmtes Verhalten in einer Situation besser nachvollziehen können, um dadurch auch zukünftige Situationen besser einzuschätzen.

Wie gelingt das? Indem du in einem Gespräch möglichst viele Informationen sammelst, indem du offene Fragen stellst.

Erbete auch eine Rückmeldung: Was hast du verstanden und ist es das, was die Schülerin oder der Schüler gemeint hat?

Das Warum in Konfliktsituationen

Achtung: Ist (bildlich gesprochen) das Kind schon in den Brunnen gefallen und es liegt ein (handfester) Konflikt vor oder wurden Regeln nicht eingehalten, ist die Frage nach dem Warum nicht hilfreich.

„Warum hast du XY gehauen?" „Warum hast du schon wieder deine Hausaufgaben nicht gemacht?" „Warum kannst du denn nicht einmal deinen Müll nicht in den Mülleimer werfen?" – In diesen und ähnlichen Situationen stellen wir die Frage nach dem Warum sehr schnell. Meist stellen wir diese Frage unüberlegt, weil uns in diesem Moment nichts Besseres einfällt.

Mein Tipp: Frage in diesen Situationen nicht nach dem Warum. In den seltensten Fällen bekommst du eine Antwort, die du hören möchtest oder mit der du zufrieden bist.

Denn die Frage nach dem Warum bringt dein Gegenüber in die Lage, sich verteidigen und rechtfertigen zu müssen. Keine angenehme Situation!

Was dann? Akzeptiere die Situation, bestehe auf Vereinbarungen und erwarte, dass es beim nächsten Mal anders läuft.

Ich verstehe dich

Wenn du für Schülerinnen und Schüler in für sie schwierigen Situationen gut sein möchtest, hilft oft ein einziger Satz: „Ich verstehe dich."

Kaum ein anderer Satz beinhaltet in so wenigen Worten so viel Wertschätzung und lässt dein Gegenüber dadurch so schnell herunterfahren (z.B. bei Wut, Unsicherheit, …).

Es geht bei diesem Satz nicht darum, alles gutzuheißen. Du darfst und solltest stellenweise auch eine andere Sichtweise haben und vertreten.

Es geht in erster Linie darum, dass du nachvollziehen kannst, weshalb die Schülerin oder der Schüler sich für eine spezielle Verhaltensweise entschieden hat. Egal ob diese nun angemessen war oder nicht.

„Ich verstehe dich" kannst du also auch sagen, wenn du anderer Meinung bist.

Nimm dir bitte eine Woche lang Zeit, die Beweggründe deiner Schülerinnen und Schüler genauer zu betrachten und dort Verständnis zu signalisieren, wo du es als passend empfindest. Vielleicht erfährst du so von Sichtweisen, die dir ganz neue Perspektiven eröffnen!

Meine Erfahrungen und Gedanken dazu:

Meinungsverschiedenheiten und konstruktive Kritik

Meinungsverschiedenheiten entstehen meist dann, wenn Entscheidungen getroffen wurden, mit denen nicht alle Beteiligten gut leben können. Als Lehrkraft ist es quasi dein tägliches Brot, Entscheidungen zu treffen, mit denen nicht alle Schülerinnen und Schüler einverstanden sind. Viele deiner Entscheidungen ergeben sich jedoch aus den Rahmenbedingungen des Kontextes Schule.

Je nach Situation kann es für alle Beteiligten hilfreich sein, sich in einem Gespräch auszutauschen. Ziel eines solchen Gespräches kann sein, dass man eine gemeinsame Lösung findet. Wichtig ist, dass keine der beiden Parteien einen Gesichtsverlust erleidet – also auch der Schüler / die Schülerin nicht!

Zu Beginn des Gespräches sollten beide Parteien die Möglichkeit haben, darzulegen, was ihnen wichtig ist, warum es ihnen wichtig ist und was sie sich anders gewünscht hätten.

Dann wird erarbeitet, ob eine alternative Lösung möglich ist, mit der alle Parteien gut leben können. Kann es aufgrund von bestimmten Rahmenbedingungen nur eine (die bereits bestehende) Lösung geben, mache deutlich, dass du die Unzufriedenheit der anderen Person verstehst, die Bedingungen aber eben so sind, wie sie sind. Hier helfen oft schon ein paar wenige erklärende Sätze.

Gehe bitte in Gedanken einige Situationen aus der Vergangenheit durch, in denen es zu Meinungsverschiedenheiten zwischen dir und Schülerinnen und Schülern kam. Wie kannst du ähnliche Situationen in Zukunft kommunikativ noch besser auffangen? Wie kannst du bei feststehenden Rahmenbedingungen wertschätzend, aber deutlich kommunizieren, dass die Situation eben ist, wie sie ist?

Kritik nicht persönlich nehmen

In den meisten Fällen geht es bei der Kritik, die von Schülerinnen und Schülern an dich herangetragen wird, nicht um dich persönlich. Meist geht es um bestimmte Sachen, Regeln, Verfahrensanweisungen usw., die hinter deinem Tun stecken. Merkst du, dass du in diesen Fällen die Kritik persönlich nimmst, kann es für dich hilfreich sein, dich daran zu erinnern, dass du nur eine bestimmte Sachlage vertrittst oder umsetzt.

Gegenüber den Schülerinnen und Schülern, aber auch für dich selbst, sind an dieser Stelle Erklärungen sehr hilfreich. Warum hast du so gehandelt, wie du gehandelt hast?

Eine weitere Frage, die du dir stellen kannst: Warum nimmst du dir eine Kritik zu Herzen? Vielleicht ist sie unfair und unberechtigt. Vielleicht ist aber auch ein Fünkchen Wahrheit dran. Groß ist, wer das zugeben kann. Das macht sympathisch.

Schaue gerne eine Woche lang genauer hin:

Wie reagierst du auf Kritik, die an dich herangetragen wird? Nimmst du sie schnell persönlich? Wenn ja, was steckt dahinter?

Kannst du zugeben, wenn eine Kritik gerechtfertigt ist? Und hast du dies auch in der entsprechenden Situation getan?

Du kannst hier gerne Mindmaps, Skizzen und Ähnliches anlegen.

Präventive Deeskalation – der Zauberschlüssel

Was ist eigentlich der Unterschied zwischen aktiver und präventiver Deeskalation?

Bei der aktiven Deeskalation steigst du in Konflikte ein, die bereits da sind – du kommst quasi nicht mehr drumherum, der Konflikt liegt auf dem Tisch.

Ziel der präventiven Deeskalation ist es, Konflikte schon im Vorfeld zu vermeiden, sodass sie möglichst gar nicht erst entstehen.

Ich bin ein großer Freund der präventiven Deeskalation. Mit ihr vermeidest du nicht nur bestenfalls den Konflikt, als großes Plus stärkst du zusätzlich die Beziehung zu deinen Schülerinnen und Schülern sowie deine Position als authentische Lehrkraft mit Standing.

Real Talk: Oft sind wir selbst der Auslöser vieler Konflikte. Manchmal gibt es kleine Situationen, in denen wir viel zu heftig reagieren, weil wir glauben, dass wir so Autorität ausstrahlen, eine Machtposition bekleiden oder eine Rolle spielen müssen. Deshalb war es mir so wichtig, dass du zu Beginn dieses Workbooks zunächst deine eigene Persönlichkeit genauer betrachtest – damit du möglichst wenig selbst zum Auslöser wirst.

Grundsätze der präventiven Deeskalation

Dreh- und Angelpunkt der präventiven Deeskalation ist also deine innere Haltung. Sie ist die Basis für die folgenden vier Grundsätze.

Erster Grundsatz: Halte mal den Ball flach! Koche selbst nicht hoch und mache die Situation dadurch nicht unnötig schwieriger, als sie ist.

Zweiter Grundsatz: Sorge dafür, dass sich dein Gegenüber nicht bloßgestellt fühlt und sein Gesicht wahren kann. Schaffe zum Beispiel keine unnötige Öffentlichkeit für das Thema und sprich es nicht im Kreise der Freundinnen und Freunde der Person an. Solche Situationen führen schnell dazu, dass sich die Schülerin oder der Schüler bloßgestellt fühlt, sich rechtfertigt und sich die Situation hochschaukelt.

Dritter Grundsatz: Blicke sind Berührungen auf Distanz, das heißt, je nachdem wie du jemanden anschaust, dringst du in seine Komfortzone ein und schaffst gegebenenfalls Unwohlsein. Denke an deine wertschätzende innere Haltung, die einen wertschätzenden Blick im Gepäck hat.

Vierter Grundsatz: Schaffe dir keine Gegnerinnen und Gegner. Sorge dafür, dass Konflikte gar nicht erst hochkochen und dadurch Situationen entstehen, in denen dich die Schülerinnen und Schüler als Gegner/Gegnerin (und nicht als Partner/Partnerin) empfinden. Mach dir die Schülerinnen und Schüler nicht zum Feind!

Bitte schaue eine Woche lang ganz genau hin und notiere, wie du die vier Grundsätze der präventiven Deeskalation umsetzt.
Was klappt gut? Wo gibt es Verbesserungspotenzial?

Situation	Vier Grundsätze der Deeskalation umgesetzt:	Das lief gut:	Das möchte ich verbessern:

Schneller Reminder zu den vier Grundsätzen:

- Ball flach halten
- Gegenüber nicht bloßstellen
- den eigenen Blick kontrollieren
- sich nicht Gegnerinnen und Gegner schaffen

Klare Ansagen

Wenn Kinder über Tische und Bänke gehen, nicht richtig mitarbeiten usw., fällt oft ein Satz: „Die brauchen mal eine klare Ansage!" Vielleicht hast du diesen Satz auch schon ausgesprochen oder zumindest gedacht.

Viele Menschen meinen mit klarer Ansage allerdings Strenge, Härte und Macht, oft auch laut zu werden.

Ich bin ein Fan von klaren Ansagen. Allerdings nicht im Sinne von „auf den Tisch hauen" oder „Ich zeige dir, wer hier das Sagen hat".

Eher im Sinne von: Klarheit in der Formulierung, Verlässlichkeit von Aussagen und Nachvollziehbarkeit der Worte. Denn Kinder und Jugendliche brauchen Klarheit – als verlässliche Größe, als Orientierung, als Halt und Anker. Hier kannst du mit deiner Kommunikation viel für die Schülerinnen und Schüler leisten.

Meine Betonung liegt also mehr auf KLAR als auf ANSAGEN.

Beispiel:
Natürlich kannst du sagen: „Ich würde mich riesig freuen, wenn alle sich auf ihre Stühle setzen würden." Das kann klappen. Du darfst aber auch sagen: „Setzt euch bitte hin." – Der Ton macht die Musik.

Eine Botschaft, freundlich, wertschätzend, mit einem bitte versehen und gleichzeitig klar formuliert, ist für die Schülerinnen und Schüler oftmals hilfreicher, als du denkst. Es macht einfach und verständlich deutlich, was du von den Kindern und Jugendlichen in diesem Moment möchtest, ohne dass du streng sein musst oder es unnötig viel Raum für Diskussionen gibt.

Es geht nicht um Macht, Strenge und Härte!

Es geht um Verlässlichkeit, Halt, Orientierung, Struktur und Wertschätzung – eben um KLARE Kommunikation.

Bitte nimm dir ein paar Tage lang Zeit und schaue genau hin: Wie klar sind deine Aussagen gegenüber deinen Schülerinnen und Schülern? Notiere bitte einige Situationen und überlege, wenn nötig, wie du in Zukunft klarer formulieren und handeln kannst.

Situation, genutzte Formulierungen:	Wie hast du Verlässlichkeit, Halt, Orientierung, Struktur und Wertschätzung kommuniziert?	Hast du auf Macht, Strenge, Härte gesetzt? Wenn ja, wie hast du dich genau verhalten?	Eventuelle Verbesserung für die Zukunft (ggf. genaue Formulierung notieren):

Der Umgang mit eigenen negativen Emotionen

Negative Emotionen lassen sich im Schulalltag nicht verhindern – sowohl bei den Schülerinnen und Schülerinnen wie auch bei dir selbst nicht.

Viele Lehrkräfte schlucken ihre negativen Emotionen jedoch oft herunter. Gehörst du auch dazu? Wenn ja: Warum?

....

....

....

....

....

....

....

Ich möchte dich gerne dazu ermuntern, auch deine negativen Emotionen mit deinen Schülerinnen und Schülern zu teilen. Das bedeutet natürlich nicht, dass du jede Kleinigkeit mitteilen solltest, aber eben die Fälle, die dir wichtig sind. Auch hier gilt: Der Ton macht die Musik.

Wenn du negative Emotionen mit deinen Schülerinnen und Schülern teilst, erkläre bitte gleichzeitig, was zu diesen Emotionen geführt hat. Beschreibe möglichst sachlich die Situation oder die Verhaltensweise. So machst du deutlich, dass dich nicht generell das eine Kind sauer macht, sondern das Verhalten, das es gezeigt hat.

Anstatt zu sagen: „Kind XY, du machst mich sauer", sage lieber: "Kind XY, dass du jetzt gerade den Unterricht störst, macht mich sauer."

Bitte nimm dir Zeit und notiere einige Situationen aus der Vergangenheit, in denen das Verhalten von Schülerinnen und Schülern für negative Emotionen bei dir gesorgt hat. Wie hast du die Emotionen mitgeteilt? Wie kannst du in ähnlichen Situationen in Zukunft eventuell besser formulieren?

....

....

....

....

....

....

....

Sich selbst runterfahren, wenn der Pegel steigt

Du kennst es sicherlich: Manchmal ist das Stresslevel im Arbeitsalltag so hoch, dass das Fass an Stresshormonen quasi überläuft. Dann ist es schnell passiert, dass nicht mehr rational, sondern emotional gehandelt wird.

Wenn du merkst, dass bei dir der Stresspegel steigt, helfen dir folgende kleine Maßnahmen:

- kontrolliertes und bewusstes Ein- und Ausatmen
- rückwärts langsam von zehn runterzählen

Warum funktionieren diese kleinen Maßnahmen? Die oben genannten Handlungen sind bewusst bzw. rational gesteuert, du gibst deinem Gehirn also eine rationale Aufgabe. Dadurch ist weniger Raum dafür, dass emotionales Handeln die Oberhand gewinnt.

Üben, üben, üben ... oder: Die Sache mit der Feuerwehr

Rationale Handlungen in Stresssituationen durchzuführen, um dadurch den eigenen Stresspegel herunterzufahren, ist Übungssache! Ich empfehle dir, viel in deinem Alltag und vor allem in nicht stressigen Situationen zu üben. Übe dann, wenn du gerade das Gefühl hast, nicht üben zu müssen. So trainierst du langfristig dein Gehirn und kannst später auch in schwierigen Situationen auf diese Fähigkeit zurückgreifen.

Es ist quasi wie bei der Feuerwehr:

Das Löschen von Bränden üben die Feuerwehrleute, wenn sie keine Einsätze haben – und nicht erst dann, wenn ein Haus lichterloh in Flammen steht.

Finde deine eigene rationale Aufgabe – eine, die dir gut steht und gut zu dir passt. Hier kannst du Ideen notieren. Und bitte denke daran: Üben, üben, üben!

Rationale Aufgaben können sein: ein Spruch oder Mantra, durchatmen, ein Bild im Kopf, ein Armband o. Ä., das dich daran erinnert, in Stresssituationen kurz innezuhalten ...

SCHÜLERINNEN UND SCHÜLER GEZIELT UND LÖSUNGSORIENTIERT DURCH FRAGEN UNTERSTÜTZEN

Gezielte Fragetechniken können dir zum Beispiel helfen, Prozesse, Perspektiven und Handlungsweisen besser zu verstehen oder bei deinen Schülerinnen und Schülern Reflexionsprozesse anzuregen. Mithilfe gezielter Fragen kannst du Kinder und Jugendliche dabei unterstützen, in die Eigenverantwortung zu gehen. Du kannst sichtbar machen, dass sie selbstwirksam sein können und bereits viele Lösungsansätze in sich tragen.

Der Einsatz der Fragen ist natürlich stark vom Alter bzw. Reifegrad der Schülerinnen und Schüler abhängig. Die Fragen sollen eine Unterstützung sein und keine Überforderung.

> Wenn du Fragetechniken langfristig einsetzen möchtest, übe sie bitte und verwende nur die, mit denen du dich wohlfühlst, sodass du authentisch bleibst.
>
> Übe die Fragetechniken im Alltag, sodass du sie später sicher in Problemsituationen einsetzen kannst. Versuche, die Fragetechniken nach und nach zu lernen. So entwickelst du auch ein Gefühl dafür, was die jeweilige Fragetechnik mit den Kindern macht. Und: Was macht die Technik mit dir, wie fühlt sie sich an? Ist es eine Art von Frage, die du gut stellen kannst und die zu dir passt? Oder fühlt es sich schräg und eher unangenehm an?

Verschiedene Arten von Fragen

Besser sein lassen: Rhetorische Fragen und geschlossene Fragen

Ich empfehle dir, auf rhetorische Fragen und geschlossene Fragen zu verzichten. Warum?

Rhetorische Fragen sind meiner Meinung nach nicht zielführend. Wenn man davon ausgeht, die Antwort auf eine Frage schon zu kennen, braucht man die Frage nicht zu stellen – schon gar nicht, wenn man eine wohlwollende Haltung den Schülerinnen und Schülern gegenüber einnehmen möchte.

Geschlossene Fragen bieten den Kindern und Jugendlichen keine Möglichkeit, eigene Erfahrungen oder eigene Beweggründe und Perspektiven in das Gespräch einzubringen, wenn als Antworten nur „Ja" und „Nein" möglich sind.

Alltagshelfer: Halb geschlossene Fragen und offene Fragen

Halb geschlossene Fragen sind Fragen, die in der Frage selbst schon vorformulierte Antwortmöglichkeiten bieten. Halb geschlossene Fragen können zum Beispiel hilfreich sein, um Entscheidungen zu treffen oder um nächste Handlungsschritte zu planen.

Offene Fragen sind die klassischen W-Fragen: Wer? Wie? Wozu? Womit? Wodurch? …

Meine Erfahrungen und Gedanken dazu:

Nach Ressourcen, Lösungen und Hypothesen fragen

Ressourcenorientierte Fragen haben den Fokus auf den Kompetenzen, Stärken, Fähigkeiten und Fertigkeiten der Schülerinnen und Schüler sowie auf stärkenden Elementen und individuellen Kraftquellen. Ziel ist es, durch die Fragen herauszufinden, wie sich die Person auf dem Lösungsweg selbst unterstützen kann. Was bringt die Schülerin bzw. der Schüler schon mit, damit ihm/ihr die Problemlösung gelingt?

Beispiele:

- Was ist dein Ziel? Was kann dein erster Schritt sein, um die Umsetzung zu beginnen?
- Welche Stärken bringst du mit, die dir dabei helfen können?
- Wer kann dich dabei unterstützen?
- Wie schöpfst du neue Energie, falls es anstrengend wird?

Notiere einige Situationen, in denen du ressourcenorientierte Fragen bereits eingesetzt hast oder in Zukunft einsetzen möchtest. Notiere auch gerne genaue Formulierungen.

Lösungsorientierte Fragen können an ressourcenorientierte Fragen anknüpfen. Ganz konkret werden Lösungsansätze mit den Schülerinnen und Schülern ergründet.

- Was ist dir bis hierhin gut gelungen?
- Gab es schon einmal eine Situation, in der dir eine ähnliche Herausforderung oder Aufgabe gelungen ist?
- Welche Begebenheiten haben in der damaligen Situation zum Erfolg geführt?
- Was ist an dieser Situation anders?

Notiere einige Situationen, in denen du lösungsorientierte Fragen bereits eingesetzt hast oder in Zukunft einsetzen möchtest. Notiere auch gerne genaue Formulierungen.

Hypothetische Fragen können helfen, wenn Schülerinnen und Schüler eher verzweifelt sind und das Gefühl haben, nicht weiterzukommen oder schon alles versucht zu haben. Hypothetische Fragen ermöglichen es, den gedachten Kontext zu verlassen und den Horizont zu erweitern.

Hypothetische Fragen bestehen immer aus einer Einleitung („Mal angenommen …", „Stell dir einmal vor …", „Folgendes Szenario: …"), einer kurzen Beschreibung der Fiktion und daraus resultierenden Konsequenzen.

- Stell dir einmal vor, du könntest ganz frei handeln, um das Problem zu lösen. Was wäre dann der nächste Schritt?
- Mal angenommen, du hast die Herausforderung erfolgreich gemeistert, woran würdest du das erkennen?

Notiere einige Situationen, in denen du hypothetische Fragen bereits eingesetzt hast oder in Zukunft einsetzen möchtest. Notiere auch gerne genaue Formulierungen.

Nimm dir bitte eine Woche lang Zeit, um in deinem Arbeitsalltag den Einsatz von Fragen nach Ressourcen, Lösungen und Hypothesen zu üben. Welche Erfahrungen hast du gemacht und was leitest du daraus für die Zukunft ab?

Was machen die Techniken mit dir, wie fühlen sie sich an? Welche Fragen kannst du gut stellen, welche passen authentisch zu dir? Was fühlt sich schräg und gegebenenfalls unangenehm an?

Skalieren, vergleichen, Wirklichkeitskonstruktion, Was-wäre-wenn?

Skalierungsfragen sollen Unterschiede sichtbar machen. Die Unterschiede können in ihren Ausprägungen so noch mal bestärkt oder relativiert werden. Außerdem helfen Skalierungsfragen dabei, sich das eigene innere Bewertungssystem genau anzuschauen.

- Auf einer Skala von 1 bis 10: Wie hoch ...?
- Prozentuale Fragen: Wie viel Prozent deiner Klassenkameradinnen und -kameraden würden die Situation ähnlich einschätzen wie du?
- Halbierungsfragen: Wenn man zu diesem Problem zwei Gruppen bilden würde und die eine sagt: „Das lässt sich ganz leicht lösen", während die andere meint: „Das ist ein unlösbares Problem", auf welcher Seite würdest du stehen?
- Aufstellen einer Rangfolge: Was wären die wichtigsten nächsten drei Schritte?

Notiere einige Situationen, in denen du Skalierungsfragen bereits eingesetzt hast oder in Zukunft einsetzen möchtest. Notiere auch gerne genaue Formulierungen.

....

....

....

....

Vergleichsfragen bieten ebenfalls die Möglichkeit, Unterschiede sichtbar zu machen. Sie erlauben den Schülerinnen und Schülern, den Moment zu verlassen und die Situation noch mal neu zu bewerten.

- Bei herausfordernden Situationen: Würdest du die Situation heute anders bewerten als gestern? (Wie würdest du die Situation in einer Woche bewerten?)
- Wenn X eine Lösung wäre und Y eine Lösung wäre – welche Lösung davon wäre für dich hilfreicher?
- Wäre es hilfreicher, die Umsetzung auf mehrere Personen zu verteilen, oder sollte sie in einer Hand bleiben?

Notiere einige Situationen, in denen du Vergleichsfragen bereits eingesetzt hast oder in Zukunft einsetzen möchtest. Notiere auch gerne genaue Formulierungen.

....

....

....

....

Fragen zur **Wirklichkeitskonstruktion** können dabei helfen, Situationen besser einzusortieren. Ziel ist es, die Schülerinnen und Schüler zur Reflexion darüber anzuregen, ob es in der Vergangenheit ähnlich schwierige Situationen gab, sodass die jetzige Lage negativer erscheint, als sie es für jemanden anderes wäre. Das kann helfen, die Situation zu relativieren und sie ein bisschen weniger schwer und herausfordernd erscheinen zu lassen.

- Woher genau glaubst du zu wissen, wie die Situation ausgehen wird? Hast du schon negative Erfahrungen mit solch einem Thema gesammelt?
- Wie würde X (jemand anderes) auf diese Situation reagieren?
- Woran machst du fest, dass die Umsetzung möglicherweise nicht gelingen kann?

Hier kannst du auch einen Abgleich schaffen, indem du in wohldosierter Form deine eigene Interpretation der Situation mit eingibst.

Notiere einige Situationen, in denen du Fragen zur Wirklichkeitskonstruktion bereits eingesetzt hast oder in Zukunft einsetzen möchtest. Notiere auch gerne genaue Formulierungen.

....

....

....

....

Was wäre wenn? Diese Frage, bei der es um konkrete Auswirkungen und Konsequenzen geht, zählt zu den **ökologischen Fragestellungen.**

- Wenn du Sache X umsetzt, was wäre denn dann? Wie würde dein Umfeld reagieren? Welche Personen wären von den Auswirkungen betroffen?
- Was könnte ein erstes Anzeichen für eine positive Veränderung sein?
- Wenn sich die Situation nicht lösen ließe: Was wäre denn dann? Für wen hätte es Konsequenzen? Welche Konsequenzen könnte es haben?
- Welche Auswirkungen hat es möglicherweise auch auf dich selbst?

Notiere einige Situationen, in denen du ökologische Fragestellungen bereits eingesetzt hast oder in Zukunft einsetzen möchtest. Notiere auch gerne genaue Formulierungen.

....

....

....

....

....

Nimm dir bitte eine Woche lang Zeit, um in deinem Arbeitsalltag den Einsatz der verschiedenen Fragetypen zu üben. Welche Erfahrungen hast du gemacht und was leitest du daraus für die Zukunft ab?

Was machen die Techniken mit dir, wie fühlen sie sich an? Welche Fragen kannst du gut stellen, welche passen authentisch zu dir? Was fühlt sich schräg und gegebenenfalls unangenehm an?

Zirkuläres Fragen, paradoxe Frage, die Wunderfrage

Zirkuläres Fragen ermöglicht es, eine Fremdperspektive zu thematisieren. Wichtig ist, die gestellten Fragen und Personen genau auszuwählen – „wildes Umherfragen", wer was meinen könnte, wirkt eher verwirrend als klärend. Auch kann es hilfreich sein, die befragte Person vorab darüber aufzuklären, dass im Folgenden mit einer anderen Form von Fragen gearbeitet wird, um eine andere Perspektive auf die Situation zu erhalten.

Bitte bedenke zudem, dass vermutete Fremdwirkungen einer Situation als Vorwurf verstanden werden können. Beim zirkulären Fragen ist also Vorsicht geboten!

Was würde dir Schülerin X oder Schüler Y als Tipp mit auf den Weg geben?

Was glaubst du, was sich X und Y in dieser Situation von dir gewünscht hätten? (Hineinversetzen in die Perspektive von anderen)

Daran anschließend weiter vertiefen: Woran machst du das fest? Worauf begründet sich deine Vermutung? Wodurch kommst du zu dieser Annahme?

Notiere einige Situationen, in denen du das zirkuläre Fragen bereits eingesetzt hast oder in Zukunft einsetzen möchtest. Notiere auch gerne genaue Formulierungen.

....

....

....

....

Die **paradoxe Frage** macht genau das Gegenteil der Lösung. Man fragt die Schülerin oder den Schüler danach, was sie bzw. er tun muss, damit die Situation vollends scheitert. Dieses Um-die-Ecke-Denken bringt manchmal die Möglichkeit, noch mal ganz neue Aspekte mit einzubeziehen. So können möglicherweise neue Lösungsansätze gewonnen werden. Mit einer Prise Humor versehen, kann die paradoxe Frage außerdem wunderbar die Stimmung auflockern.

- Was wäre der nächste Schritt, um die Situation zu verschlechtern?
- Was müsstest du tun, damit die Umsetzung auf keinen Fall gelingt?

Notiere einige Situationen, in denen du die paradoxe Frage bereits eingesetzt hast oder in Zukunft einsetzen möchtest. Notiere auch gerne genaue Formulierungen.

....

....

....

....

....

Die **Wunderfrage** ist vielseitig einsetzbar. Sie entwirft immer ein Szenario, in dem das Problem gelöst ist. So können die Schülerinnen und Schüler den Ist-Zustand, den sie erreichen wollen, genau beschreiben. Darüber können Rückschlüsse gezogen werden, was es auf dem Weg zum Erreichen des Wunschzustandes braucht.

Wenn das Problem über Nacht gelöst worden wäre, woran würdest du das zuerst erkennen? Wie sähe dein Schulalltag dann aus?

Wer außer dir würde die plötzliche Umsetzung bemerken? Welche Vorteile hätte das?

Wenn eine gute Fee dir einen Wunsch erfüllen würde, was wäre dein erster Wunsch?

Notiere einige Situationen, in denen du die Wunderfrage bereits eingesetzt hast oder in Zukunft einsetzen möchtest. Notiere auch gerne genaue Formulierungen.

Nimm dir bitte eine Woche lang Zeit, um in deinem Arbeitsalltag den Einsatz des zirkulären Fragens, der paradoxen Frage und der Wunderfrage zu üben. Welche Erfahrungen hast du gemacht und was leitest du daraus für die Zukunft ab?

Was machen die Techniken mit dir, wie fühlen sie sich an? Welche Fragen kannst du gut stellen, welche passen authentisch zu dir? Was fühlt sich schräg und gegebenenfalls unangenehm an?

EINE FRAGE DER PERSÖNLICHKEIT

Jede Schülerin und jeder Schüler ist selbstverständlich eine eigene, individuelle Persönlichkeit. Man kann Menschen jedoch grob in verschiedene Persönlichkeitstypen einteilen, die ich dir im Folgenden gerne in einer speziell auf Kinder und Jugendliche zugeschnittenen Version vorstellen möchte.

Meine Darstellung der Kindertypen ist überspitzt und stellt die Extremformen dar. In der Realität sind wir Menschen alle einzigartig, aber eben irgendwie aus diesen Charaktereigenschaften zusammengesetzt, die sich ganz grob in ein Raster packen lassen. Die folgende Darstellung soll dir als Arbeitserleichterung und Denkhilfe dienen. Bitte beachte aber, dass es immer Schülerinnen und Schüler gibt, auf die solche Raster nicht anwendbar sind.

Ich hoffe, dass dir die einprägsamen Beschreibungen helfen, Schülerinnen und Schüler schneller einschätzen und vor allem daraus ableiten zu können, wie du deine Kommunikation gezielt darauf anpassen kannst. Und vielleicht findest du dich ja auch in der einen oder anderen Beschreibung wieder.

Wir Menschen fühlen uns in Routinen wohl – denke nur zum Beispiel an deine Morgenroutine vor der Arbeit. Für Kinder und Jugendliche sind Routinen enorm wichtig, besonders natürlich positive Routinen. Werden diese positiven Routinen (warum auch immer) unterbrochen, lassen die Reaktionen der Kinder und Jugendlichen und ihr Umgang mit Veränderung oder Frust einige Rückschlüsse auf die Persönlichkeit zu.

Wenn du weißt, welche Persönlichkeitstypen du in deiner Klasse findest, kannst du in deiner Kommunikation viel besser auf die verschiedenen Kinder und Jugendlichen eingehen. Du kannst zum Beispiel schon im Vorfeld deeskalieren oder die richtigen Dinge sagen, damit sich die Schülerinnen und Schüler angesprochen fühlen.

Bitte denke daran, dass ich hier eine grobe Einteilung vornehme, und lies den einen oder anderen Satz gerne mit einem Augenzwinkern …

Wenn dies nicht dein erstes Workbook von mir ist, kennst du schon den Blick auf die verschiedenen Persönlichkeiten in einer Klasse. Ich lade dich herzlich ein, dein Wissen im Folgenden noch mal aufzufrischen und die Persönlichkeitstypen besonders unter dem Fokus der Kommunikation zu betrachten.

Leader-Kinder

Leader-Kinder sind wetteifernd, zielstrebig und sie haben einen genauen Plan davon, was sie wollen. Leader-Kinder haben eine genaue Vorstellung von sich, ihren Talenten und wie sie von außen wahrgenommen werden bzw. wahrgenommen werden wollen (das bedeutet aber nicht, dass das immer der Realität entspricht).

Diese Kinder und Jugendlichen sind schlau, aber nicht unbedingt die besten Schülerinnen und Schüler. Sie konfrontieren dich als Lehrkraft vielleicht mit Fragen wie: „Wofür brauche ich das eigentlich?"

Werden Leader-Kinder mit einer (negativen) Veränderung konfrontiert, ist ihre erste Reaktion oft, nach der schuldigen Person zu suchen bzw. herauszufinden, wer dafür die Verantwortung trägt. Als Lehrkraft hörst du vielleicht Sätze wie „Aber Sie haben doch gesagt, dass…" oder „Sie haben versprochen, dass…".

Leader-Kinder sind schnell in einer ersten negativen Reaktion. Sie können aber auch blitzschnell umschalten und sich danach (wenn du als Lehrkraft eine passende Antwort gegeben hast) anderen Themen zuwenden.

Dieses blitzschnelle Umswitchen ist eine enorme Ressource der Leader-Kinder. Denn während andere Schülerinnen und Schüler vielleicht noch gedanklich in der negativen Veränderung festhängen, wenden sich Leader-Kinder schon den neuen Gegebenheiten zu und gestalten diese dann oft nach ihren Vorstellungen.

Leader-Kinder sind oft sehr sympathisch. Diesen Kindern und Jugendlichen traut man viel zu und sie erfüllen die Erwartungen auch. In Situationen, in denen sich Leader-Kinder profilieren können (z.B. Schulaufführungen), zeigen sie gern, was alles in ihnen steckt. Der Schulstoff hingegen muss nicht zwingend ihr Steckenpferd sein.

Leader-Kinder ernten bei Gruppenarbeiten gerne die Lorbeeren, aber wenn´s nicht so gut gelaufen ist, sind in ihrer Welt auch gerne mal die anderen oder die Umstände schuld.

Leader-Kinder bevorzugen in der Kommunikation meist wenig Gefühlsbetontes. Du liegst richtig mit freundlich-bestimmten, simplen Aussagen. Dein Verhalten sollte darauf abzielen, dem Leader-Kind das Gefühl zu vermitteln, dass du dich darauf verlässt, dass es zuverlässig die von die gestellte Aufgabe erledigt.

Bitte nimm dir nun kurz Zeit und beantworte die folgenden Fragen.

Mit Leader-Kindern habe ich bereits folgende Erfahrungen gemacht …

Meine Emotionen und Gedanken zu Leader-Kindern:

Finde ich Leader-Kinder angenehm oder eher nervig, …? Fühle ich mich ihnen nahe oder eher nicht?

Wie kannst du in deiner Kommunikation gut für Leader-Kinder sein? Was ist wichtig für sie? Notiere bitte einige Gedanken dazu.

Stelle dir bitte folgende Situation vor: Du forderst die Schülerinnen und Schüler dazu auf, nach Unterrichtsende die Stühle hochzustellen. Ein Leader-Kind hat seinen Stuhl noch nicht hochgestellt. Was wäre aus deiner Sicht eine passende Formulierung, die du gegenüber einem Leader-Kind wählen würdest?

Mein Lösungsvorschlag:

Vermeide sehr gefühlsbetonte Formulierungen wie: „Magst du deinen Stuhl bitte auch hochstellen? Das wäre total schön und alle anderen würden sich auch freuen. Es wäre auch ganz großartig für dich und du hättest was gelernt …“

Bei Leader-Kinder reicht ein freundlich-bestimmtes „Stelle bitte den Stuhl hoch“. Dann drehst du dich sofort weg und gehst – im vollen Vertrauen darauf, dass das Kind diese Aufgabe erledigt und du nicht kontrollieren musst. (Subtext: „Ich weiß, du machst es, ohne dass ich gucke.“)

Konzept-Kinder

Konzept-Kinder haben für alles Pläne, Strukturen und eine Ordnung. Wenn diese Ordnung aus den Fugen gerät, weil etwas Negatives, Unplanmäßiges geschieht, dann verzetteln sie sich manchmal.

Konzept-Kinder sind meist reservierter und schauen auf Zahlen, Daten und Fakten. Den Kindern und Jugendlichen ist es wichtig zu wissen, ob etwas richtig ist. Regeln und Strukturen geben ihnen Sicherheit und Halt.

Lehrkräfte haben oft das Gefühl, dass Konzept-Kinder nicht so gut mit anderen Menschen zurechtkommen. Konzept-Kinder fällt es öfter schwer, andere zu verstehen und zu ergründen, welche Erwartenshaltung andere an sie haben. Manchmal versuchen Konzept-Kinder, das für sich zu adaptieren, was andere Kinder und Jugendliche gut können (z. B. humorvoll sein), aber es wirkt irgendwie hölzern.

Zum Teil tun Konzept-Kinder auch Dinge, die sie selbst nicht in einem guten Licht stehen lassen. Diese Schülerinnen und Schüler haben ein höheres Risiko, Opfer von Mobbing zu werden.

Durch ihre gute Struktur und Organisation haben Konzept-Kinder z. B. auf Klassenfahrten alles für alle Eventualitäten dabei. Konzept-Kinder machen auch immer ihre Hausaufgaben, weil man Hausaufgaben doch macht – das ist doch die Regel!

Ordnung und Struktur ziehen sich ebenso durch ihr Material (aufgeräumte Federmappe, kein Klimbim in der Schultasche). Wenn aber mal ein Bleistift abbricht oder der Füller zu Hause vergessen wurde, ist das für Konzept-Kinder eine kleine Katastrophe.

Konzept-Kinder sind absolut verlässlich und ehrlich, das zeichnet sie aus.

Konzept-Kinder musst du in der Regel nicht an das Einhalten von Regeln erinnern. Regeln sind ihnen absolut wichtig und sie halten sich quasi von allein daran.

Bitte nimm dir nun kurz Zeit und beantworte die folgenden Fragen.

Mit Konzept-Kindern habe ich bereits folgende Erfahrungen gemacht . . .

Meine Emotionen und Gedanken zu Konzept-Kindern:

Finde ich Konzept-Kinder angenehm oder eher nervig, . . .? Fühle ich mich ihnen nahe oder eher nicht?

Eine Herausforderung für Konzept-Kinder ist es, wenn ihre gewohnten Muster und Strukturen durchbrochen werden. Dann verwenden sie oft enorm viel Energie darauf, die Veränderung zu verhindern. Sie können sich mit dem Neuen nur schwer anfreunden und es fällt ihnen oft auch erst mal keine Verhaltensalternative ein, denn für sie ist das Muster im Kopf kaputtgegangen. Für dich als Lehrkraft ist es eine herausfordernde Aufgabe, solche Situationen zu managen, in denen etwas für Konzept-Kinder Ungeplantes geschieht, das sie aus ihrem Raster wirft. Zum Beispiel: Heute fällt der Morgenkreis aus, obwohl er ansonsten immer stattfindet.

In solchen Situationen entstehen zwischen Konzept-Kindern und Lehrkräften schnell Konflikte. Hier kannst du durch dein Verhalten und deine Kommunikation sehr gut steuern.

Konzept-Kinder kannst du dadurch unterstützen, indem du ihnen Strukturen vorgibst, denn das vermittelt ihnen Sicherheit. Kleineren Kindern kannst du zum Beispiel mithilfe von Bildkarten den Alltag leichter machen. Konzept-Kinder profitieren davon, wenn es um sie herum Planbarkeit und Verlässlichkeit gibt. Umso wichtiger ist es, dass du als Lehrkraft verlässlich bist.

Mein Prasixtipp

Auch ungeplante Ereignisse kannst du für Konzept-Kinder optisch mit kleinen Kärtchen aufbereiten. Visualisiere mit den Karten eben nicht nur Unterrichtsfächer, Pausen oder AGs. Erstelle zum Beispiel eine Karte, auf der ein großes Fragezeichen zu sehen ist. Diese Karte ordnest du an die Stelle im Tagesablauf, von der du weißt, dass hier eventuell etwas Ungeplantes passieren kann, das du jetzt noch nicht absehen kannst.

Solch ein Kärtchen ist natürlich kein Allheilmittel, aber es nimmt Druck aus der Situation. Es macht den Schülerinnen und Schülern deutlich: „Hier könnte etwas passieren, stelle dich schon mal darauf ein." Allein das verbessert schon deutlich die Kommunikation und senkt die Gefahr von Konflikten.

Wie kannst du in deiner Kommunikation gut für Konzept-Kinder sein? Was ist wichtig für sie? Notiere bitte einige Gedanken dazu.

....

....

....

....

....

....

....

....

....

....

....

....

....

....

....

....

....

Stelle dir bitte folgende Situation vor: Du forderst die Schülerinnen und Schüler dazu auf, nach Unterrichtsende die Stühle hochzustellen. Ein Konzept-Kind hat seinen Stuhl noch nicht hochgestellt. Was wäre aus deiner Sicht eine passende Formulierung, die du gegenüber einem Konzept-Kind wählen würdest?

Mein Lösungsvorschlag:

Ein Konzept-Kind musst du nicht daran erinnern, dass es seinen Stuhl hochstellen muss – es weiß das und macht das von ganz allein, denn es kennt die Regeln.

Info: Konzept-Kinder und Mobbing

Eben habe ich schon kurz angeschnitten, dass Konzept-Kinder eine höhere Gefahr haben, Mobbingopfer zu werden. Diese Kinder und Jugendlichen bringen sich manchmal durch ihr Handeln selbst in schlechte Positionen, weil sie durch ihre Struktur und ihren Plan in ihrem Handeln so eingeengt sind, dass sie nicht mitbekommen, wie ihre Umwelt (negativ) auf sie reagiert. Hier bist du als Lehrkraft auf allen Ebenen gefragt!

Chaos-Kinder

Chaos-Kinder haben salopp gesagt aus meiner Sicht das Motto „Vernünftig ist wie tot, nur vorher" gepachtet.

Chaos-Kinder sind begeisterungsfähig, mitreißend, lustig, spontan, wetteifernd und ermutigend – aber auch ziemlich chaotisch. Sie lieben das Entertainment und sie haben Spaß daran, wenn andere Spaß haben. Chaos-Kinder sind oft der Klassenclown.

Veränderungen bemerken sie manchmal gar nicht – oder sie sind ihnen egal, weil ihre Köpfe eh voller Optionen sind und Chaos-Kinder dadurch sehr schnell umschalten können. Diesen Kindern und Jugendlichen muss man sagen, dass sie Dinge nicht nur anfangen, sondern auch zu Ende bringen müssen.

Chaos-Kinder zeichnet ihre Kombination aus Begeisterungsfähigkeit und Planlosigkeit aus, die ihren besonderen Charme ausmacht. Jüngere Chaos-Kinder haben zum Beispiel oft mehr Spielzeug in der Schultasche als Unterrichtsmaterialien.

Bitte nimm dir nun kurz Zeit und beantworte die folgenden Fragen.

Mit Chaos-Kindern habe ich bereits folgende Erfahrungen gemacht ...

....

....

....

....

....

....

....

....

....

....

....

....

....

....

....

Meine Emotionen und Gedanken zu Chaos-Kindern:

Finde ich Chaos-Kinder angenehm oder eher nervig, . . .? Fühle ich mich ihnen nahe oder eher nicht?

....

....

....

....

....

....

....

....

....

Chaos-Kinder im Schulsystem

Chaos-Kinder sind sehr ressourcenstark – das dürfen wir nicht vergessen bei all den Herausforderungen, die sich aus den Verhaltensweisen dieser Schülerinnen und Schüler ergeben. Sie können eine ganze Menge!

Chaos-Kinder sind allerdings häufig in den Dingen gut, nach denen das Schulsystem nicht fragt. Zum Beispiel wenn es darum geht, spontan an einem Fluss einen kleinen Staudamm zu bauen oder beim Spielen ein besonders gutes Versteck zu finden. Chaos-Kinder sind in kreativen und spontanen Lösungsfindungen richtig stark – aber danach fragt das System Schule eben meistens nicht. Unser Schulsystem hat nicht zum Ziel, jedes Kind in dem zu fördern, worin es gut ist. Sondern es geht darum, alle Schülerinnen und Schüler auf ein einigermaßen gleiches Niveau zu bringen. Gerade Chaos-Kinder erleben dadurch im schulischen Kontext oft Gefühle wie zu scheitern oder nicht gut genug zu sein.

Praxistipp

Für Chaos-Kinder empfehle ich dir die One-Minute-Stage. Das ist, wie der Name schon verrät, eine Art kleine Bühne. Diese eine Minute kannst du zum Beispiel vor dem Unterrichtsstart allen Schülerinnen und Schülern anbieten. Auf der One-Minute-Stage dürfen die Kinder und Jugendlichen zeigen, worin sie gut sind. In der Praxis werden vor allem Chaos-Kinder diese Gelegenheit nutzen.

Wahrscheinlich musst du aushalten, dass die Kinder den immergleichen Witz erzählen oder nur Quatsch machen. Aber für die Chaos-Kinder ist es so wichtig, dass sie erleben und zeigen dürfen, worin sie gut sind – gerade in Dingen, nach denen die Schule nicht fragt!

Chaos-Kinder müssen daran erinnert werden, dass sie Dinge auch zu Ende bringen. Sie in ihrem Alltag zu begleiten, erfordert sehr viel Geduld. Unser Bildungssystem ist auf Langfristigkeit angelegt, aber das liegt Chaos-Kindern überhaupt nicht. Sie benötigen kurzfristige Ziele – daher empfehle ich dir, für sie entsprechend kurzfristige Ziele parat zu haben. Davon profitieren die Chaos-Kinder und haben entsprechende Erfolgserlebnisse.

Der Kopf von Chaos-Kindern ist oft voll mit Dingen, die für sie wichtiger sind, als in der Schule zu sitzen und auf ein langfristiges Ziel hin zu lernen. Hier kannst du sie als Lehrkraft abholen und mit schnell erreichbaren Zielen begleiten und motivieren.

Wie kannst du in deiner Kommunikation gut für Chaos-Kinder sein? Was ist wichtig für sie? Notiere bitte einige Gedanken dazu.

Stelle dir bitte folgende Situation vor: Du forderst die Schülerinnen und Schüler dazu auf, nach Unterrichtsende die Stühle hochzustellen. Was wäre aus deiner Sicht eine passende Formulierung, die du gegenüber einem Chaos-Kind wählen würdest?

Mein Lösungsvorschlag:

Hier kannst du Chaos-Kinder zum Beispiel über die wetteifernde, emotionale und spontane Schiene erreichen. Sprich: „Wer hat zuerst seinen Stuhl hochgestellt? 3, 2, 1, los!"

Info: Klassenclowns

Chaos-Kinder findest du oft in der Rolle des Klassenclowns. Und hier möchte ich gerne eine Lanze für die Klassenclowns brechen, denn oft bekomme ich von Lehrkräften negative, genervte Rückmeldungen zu diesem Thema.

Ich glaube, dass Humor und gerade die Fähigkeit, andere zum Lachen zu bringen, eine sehr hohe Stufe von Empathie erfordert. Gerade wenn es gelingt, dass andere wertschätzend über die Erzählungen lachen, ohne dass sie sich über die erzählende Person lustig machen.

Ich glaube, wem das gelingt, der hat verstanden, was andere Menschen brauchen, damit sie etwas oder jemanden gut finden. Ein Klassenclown zu sein, bedeutet aus meiner Sicht daher, dass wir es mit schlauen, cleveren Kindern und Jugendlichen zu tun haben. Leider werden die Klassenclowns aus meiner Sicht oft in die falsche Schublade gesteckt.

Meine Gedanken und Notizen

„Ich mach' das"-Kinder

Bevor du weiterliest, nimmt dir bitte zuerst Zeit und notiere spontan den Namen des Schülers oder der Schülerin, der oder die dich aktuell am meisten beschäftigt. Welches ist das herausforderndste Kind in deiner Klasse?

....

Und nun denke bitte an das Kind aus deiner Klasse, an das du in den vergangenen 14 Tagen nicht gedacht hat, und schreibe seinen Namen auf:

Na, hast du für die zweite Antwort länger gebraucht? Wahrscheinlich!

Und das hat einen guten Grund, denn es gibt eben Kinder und Jugendliche, um die wir uns keine Gedanken und keine Sorgen machen müssen. Weil – wie wir auf den ersten Blick finden – ja immer alles läuft!

Schauen wir uns nun genau diese Kinder an, die schnell von unserem Radar verschwinden, die „Ich mach' das"-Kinder:

„Ich mach' das"-Kinder sind sozial, achtsam, ermutigend und mitfühlend. Diese Schülerinnen und Schüler lieben es, mit anderen Menschen zusammen und für andere da zu sein.

Diese Kinder melden sich oft schneller freiwillig für die Übernahme von Hilfsaufgaben, als du deine Bitte überhaupt ausgesprochen hast. „Ich mach' das"-Kinder genießen dein Vertrauen. Du könntest sie jederzeit mit einer Aufgabe losschicken (z. B. etwas aus dem Lehrerzimmer zu holen) und sie würden diese Aufgabe zu hundert Prozent erledigen.

Bei negativen Ereignissen haben diese Schülerinnen und Schüler eine sehr hohe Motivation, Positives zu tun, sodass die Situation für alle Beteiligten gut wird.

Wir loben die „Ich mach' das"-Kinder meist dann, wenn sie etwas für uns oder für andere machen. Und das kann für diese Kinder und Jugendlichen zum Problem werden. Denn sie lernen oft, dass sie nur selbstwirksam sind bzw. gesehen werden, wenn sie für andere geben und sich aufopfern.

Bitte nimm dir nun kurz Zeit und beantworte die folgenden Fragen.

Mit „Ich mach' das"-Kindern habe ich bereits folgende Erfahrungen gemacht...

....

....

....

....

....

....

....

Meine Emotionen und Gedanken zu „Ich mach' das"-Kindern:

Finde ich „Ich mach' das"-Kinder angenehm oder eher nervig, ...? Fühle ich mich ihnen nahe oder eher nicht?

....

....

....

....

....

....

....

....

Achtung, Stolperstein!

Bei „Ich mach´ das"-Kindern gibt es einen fiesen Stolperstein, über den man leider schnell fällt, wenn man eine richtige gute Pädagogin oder ein richtig guter Pädagoge ist. Deswegen ist es auch nicht schlimm, wenn du schon mal in diese Falle getappt bist!

Wo liegt der Stolperstein?

„Ich mach´ das"-Kinder sind ressourcenvoll und können viel. Sie sind lieb, akzeptieren Regeln und erfüllen sehr viel von dem, was man sich als Lehrkraft wünscht. Und eben weil sie so ressourcenvoll und so angepasst sind, spannen wir sie manchmal für unsere Zwecke ein. Das geht oft schon im Kindergarten los und „Ich mach´ das"-Kinder werden von Erwachsenen eingebunden mit Aussagen wie: „Ach, toll, dass du schon eine Schleife kannst, dann kannst du mir ja beim Anziehen der Kleinen helfen!"

In der Grundschule werden diese Schülerinnen und Schüler schnell von Lehrkräften, die ihre Ressourcen entdeckt haben, verstärkt für zusätzliche Aufgaben für andere Kinder eingesetzt oder sie müssen hintenanstehen. Es fallen von Lehrkraftseite Sätze wie „Ich gebe dir schon mal die Materialien, ich weiß, du kannst das schon. Ich muss mich erst mal um Kind XY kümmern" oder „Wenn du schon fertig bist, dann geh´ doch mal rum und hilf´ allen anderen". Im Grundschulkontext werden so aus „Ich mach´ das"-Kindern Helferkinder geformt.

Keine Sorge: Das passiert JEDER und JEDEM von uns und wir sind ALLE schon in diese Falle getappt! Ich möchte nur darauf aufmerksam machen, dass wir mit dieser Haltung diesen Schülerinnen und Schülern beibringen: „Du bist nur dann gut, wenn du etwas für andere tust." Diese Haltung ist langfristig nicht gesund, wenn die Schülerin oder der Schüler immer mehr Energie für andere aufbringt als für sich selbst.

Real Talk: Meine Erfahrungen aus der Kinder- und Jugendpsychiatrie

Ich habe 15 Jahre lang in der Kinder- und Jugendpsychiatrie gearbeitet und das Gros der Patientinnen und Patienten waren Menschen, die langfristig immer mehr Energie für andere gegeben haben als für sich. Meist in der Pubertät reift bei diesen Kindern und Jugendlichen dann der Gedanke: „Nein, jetzt dreht sich die Welt auch mal um mich!" Daraus entwickeln sich oft ungesunde Verhaltensweisen, die man nur schwer wieder regulieren kann.

„Ich mach' das"-Kinder übernehmen freiwillig oft viele Aufgaben. Deshalb empfehle ich dir, sie auch darin zu fördern, auf sich zu schauen und nicht immer nur Energie in andere zu investieren. Bei der nächsten freiwilligen Meldung eines solchen Kindes könntest du also zum Beispiel sagen: „Danke, dass du dich meldest. Es ist schön, dass du so hilfsbereit bist. Aber mach´ heute mal Pause." Und dann übernimmt jemand anderes die Aufgabe.

Für „Ich mach' das"-Kinder ist es wichtig zu lernen, dass sie auch gut sind bzw. gelobt werden, wenn sie mal nichts für andere tun.

Wie kannst du in deiner Kommunikation gut für „Ich mach' das"-Kinder sein? Was ist wichtig für sie? Notiere bitte einige Gedanken dazu.

....

....

....

....

....

....

....

....

Stelle dir bitte folgende Situation vor: Du forderst die Schülerinnen und Schüler dazu auf, nach Unterrichtsende die Stühle hochzustellen. Du beobachtest, dass ein „Ich mach´ das"-Kind regelmäßig für andere die Stühle mit hochstellt. Wie könntest du reagieren?

....

....

....

....

....

Mein Lösungsvorschlag:

Ziel deiner Reaktion sollte sein, dass das Kind nicht automatisch mit Aufgaben für andere erledigt, sondern sich erst mal nur um seine Belange kümmert. Dafür sollte die Schülerin oder der Schüler eine positive Ansprache und ein positives Feedback erhalten. Zum Beispiel: „Ich weiß, du würdest helfen, aber genau deswegen tust du es bitte heute nicht. Mach gerne mal Pause. Es reicht, wenn du deinen Stuhl hochstellst."

Spoiler: Du musst wahrscheinlich aushalten, dass es dem „Ich mach´ das"-Kind nicht gefallen wird, dass es nun nicht für andere Schülerinnen und Schüler in Aktion treten kann.

Kleiner Tipp: Die Aufgabe, die du das „Ich mach´ das"-Kind nicht übernehmen lässt, kannst du dem Leader-Kind übertragen. So hast du eine Win-win-Situation:

Das „Ich mach´ das"-Kind lernt, dass es auch wertgeschätzt wird, wenn es mal eine Pause macht. Und das Leader-Kind lernt, dass es dafür gelobt wird, wenn es etwas für andere tut.

Gerade bei „Ich mach´ das"-Kindern sollten wir uns regelmäßig die Zeit nehmen und fragen: „Sag´ mal, wie geht es dir eigentlich?"

Meine Gedanken und Notizen dazu:

Nimm dir bitte in den kommenden Wochen regelmäßig Zeit und überprüfe für dich:
Weißt du eigentlich, wie es all den Schülerinnen und Schülern in deiner Klasse geht?

Woche	Um diese Schülerinnen und Schüler habe ich mich besonders intensiv gekümmert.	Um diese Schülerinnen und Schüler habe ich mich kaum oder nicht gekümmert.	Das möchte ich in der folgenden Woche besser machen:
1			
2			
3			
4			

Kleiner Reminder

Meine Darstellung der Kindertypen ist überspitzt und stellt die Extremformen dar. In der Realität sind wir Menschen alle einzigartig, aber eben irgendwie aus diesen Charaktereigenschaften zusammengesetzt. Die Darstellungen soll dir als Arbeitserleichterung und Denkhilfe dienen. Bitte beachte, dass es immer Schülerinnen und Schüler gibt, auf die solche Raster nicht anwendbar sind.

Ich hoffe, dass dir die einprägsamen Beschreibungen helfen, Schülerinnen und Schüler schneller einschätzen und vor allem daraus ableiten zu können, wie du deine Kommunikation gezielt für die Kinder anpassen kannst.

Welcher Typ bist du und was bedeutet das für deine Arbeit?

Sicherlich hast du dich auch in der einen oder anderen Beschreibung der Persönlichkeitstypen wiedergefunden. Bitte nimm dir nun etwas Zeit, genauer auf dich zu schauen.

Welche Persönlichkeitsanteile der vier Typen entdeckst du an dir? Woran machst du das fest? Was leitest du daraus für dich ab?

....

....

....

....

....

....

....

....

....

Mit den Bildern zu den vier Persönlichkeitstypen möchte ich dir eine Hilfe an die Hand geben, daran zu denken, dass Kinder ganz unterschiedlich ticken und dementsprechend auch von dir als Lehrkraft manchmal eine ganz unterschiedliche Ansprache benötigen. Auch Konflikte sind manchmal schon aufgrund der Persönlichkeitsmerkmale häufiger: Bist du zum Beispiel eher ein Chaos-Typ und hast ein Konzept-Kind in deiner Klasse, das von dir Ordnung und Struktur braucht, wird es hier wahrscheinlich eher zu Reibungen kommen. Oder du bist eine „Ich mach´ das"-Lehrkraft, die versucht, gleichzeitig mit einem Leader-Kind und einem Chaos-Kind einen gemeinsamen Weg zu finden. Auch in solchen Fällen kommt es schneller zu Konflikten. Das Wissen um die verschiedenen Persönlichkeitstypen kann hier für dich Entspannung bringen und dir Lösungswege aufzeigen.

Bringen dich gewisse Persönlichkeitstypen immer wieder auf die Palme? Oder arbeitest du mit gewissen Persönlichkeitstypen lieber zusammen? Notiere hierzu bitte deine Gedanken und mögliche Gründe.

Persönlichkeitstypen, mit denen ich gerne zusammenarbeite, weil ...	Diese Persönlichkeitstypen bringen mich auf die Palme. / Mit diesen Persönlichkeitstypen fällt mir die Zusammenarbeit schwer, weil ...
....	....
....	....
....	....
....	....
....	....
....	....
....	....
....	....
....	....
....	....

Bitte schaue dir deine Liste der Persönlichkeitstypen nun noch genauer an. Überlege, wie du die Zusammenarbeit mit diesen Kindern und Jugendlichen unter Berücksichtigung ihrer Persönlichkeitsmerkmale noch besser gestalten und ihnen positives Feedback geben kannst. Sind auch „Ich mach´ das"-Kinder darunter? Bitte überlege hier gesondert, wie du Lob und Pausen sinnvoll einbauen kannst.

Persönlichkeitstyp	Mein Plan für die Zusammenarbeit
....	....
....	....
....	....
....	....
....	....
....	....
....	....
....	....
....	....
....	....
....	....

Schülerinnen und Schüler, die Angst haben

„Ich trau´ mich nicht!" – Schülerinnen und Schüler, die Angst haben, sind teilweise eine besondere Herausforderung für dich als Lehrkraft.

Auslöser von Ängsten können ganz unterschiedlich sein: Angst vor Spinnen, Angst vor Höhe, aber auch die Angst vor der Bewertung in Leistungssituationen, Ängste im sozialen Kontext oder generelle Befürchtungen vor der Zukunft.

Welche Ängste haben Schülerinnen und Schüler dir gegenüber in der Vergangenheit geäußert? Wie bist du damit umgegangen? Was war dir in der Kommunikation mit diesen Schülerinnen und Schülern wichtig?

Wie kannst du ängstliche Schülerinnen und Schüler unterstützen? Hier habe ich ein paar Ideen für dich, die dir vielleicht helfen:

- Schaffe eine wertschätzende Atmosphäre. Die Ruhe in solcher Atmosphäre überträgt sich auf die Schülerin bzw. den Schüler. Probiere, auf die Bedürfnisse der Kinder und Jugendlichen einzugehen und ihnen Raum für ihre Gefühle zu geben.
- Sei geduldig und gib den Kindern und Jugendlichen Zeit (zum Beispiel bei der Beantwortung von Fragen oder bei Gruppenarbeiten).
- Stärke die Eigenverantwortung der Schülerin bzw. des Schülers. Auch wenn manchmal der Eindruck entsteht, dass ängstliche Kinder und Jugendliche etwas nicht können, nimm ihnen keine Aufgabe ab. Unterstütze vielmehr ein stetiges Üben von schwierigen Situationen.

Meine Ideen und Gedanken dazu:

Schülerinnen und Schüler, die distanzlos sind

Vielleicht hast du gerade auch einen Schüler oder eine Schülerin in deiner Klasse, der/die dir oft etwas zu nah kommt. Damit meine ich Kinder und Jugendliche, die eher distanzlos sind. Sie sind zum Beispiel besonders anhänglich, berichten dir von absolut jeder Kleinigkeit ihres Lebens oder sie versuchen, mit besonderen Leistungen hervorzustechen und deine Aufmerksamkeit zu erlangen. Diese Schülerinnen und Schüler sind zwar lieb, nett und freundlich, aber weil sie dir quasi täglich ein Ohr abkauen, gehen sie dir oft auch gewaltig auf die Nerven. Hinzu kommt oft das Gefühl, dass du diesen Kindern und Jugendlichen nicht gerecht werden kannst.

Wenn du magst, notiere hier gerne kurz deine Erfahrungen und Emotionen zum Umgang mit distanzlosen Kindern und Jugendlichen.

Vielleicht helfen dir die folgenden Gedanken dabei: Anscheinend hat diese distanzlose Schülerin bzw. dieser distanzlose Schüler in dir eine verlässliche Größe gefunden. Manchmal geht es nicht darum, was eine Schülerin oder ein Schüler dir erzählt, sondern darum, dass sie/er dir davon erzählt. Du scheinst diesem Kind bzw. Jugendlichen so wichtig zu sein, dass es das Bedürfnis und das Vertrauen hat, jeden Tag mit all seinen Themen zu dir kommen zu können. Wenn diese Schülerin oder dieser Schüler dich nicht für sich als verlässliche Größe identifiziert hätte, würde sie/er nicht zu dir kommen.

Ich weiß, das macht´s nicht immer leichter – aber ich wollte dir gerne eine andere Perspektive für diese Kinder und Jugendlichen mitgeben.

Meine Gedanken und Notizen dazu:

Warum sind manche Kinder und Jugendlichen so distanzlos? Meiner Erfahrung nach gibt es drei Gruppen von Schülerinnen und Schülern, die dieses Verhalten zeigen:

- Kinder, die in ihrer Erziehung noch nicht das Wissen zum Thema Nähe und Distanz mitbekommen haben, was sie für das Zusammenleben mit anderen Menschen benötigen. Ihnen wurde meist noch nicht beigebracht, dass man nicht jedem Menschen auf den Schoß krabbelt (egal ob bildlich gesprochen oder tatsächlich) und sie nicht immer mit ihren Themen im Mittelpunkt stehen.
- Kinder und Jugendliche, die aus instabilen Familienverhältnissen kommen und dadurch in ihrem Umfeld, z. B. im Kontext Schule, nach Stabilität suchen
- Kinder und Jugendliche, bei denen viele verschiedene Personen am Erziehungsprozess beteiligt waren (z. B. Mädchen und Jungen aus Heimen, Wohngruppen, Pflegefamilien). Diese Kinder und Jugendlichen haben noch nicht lernen können, dass man auch zu vielen verschiedenen Personen eine starke und unerschütterliche Beziehung aufbauen kann.

Zudem gibt es Kinder und Jugendliche, die unter einer psychischen Belastung leiden und die dadurch distanzvermindertes Verhalten zeigen (z. B. Bindungsstörungen sowie ADS/ADHS). Dieses Thema würde hier jedoch den Rahmen sprengen.

Meine Gedanken und Notizen dazu:

Egal, aus welcher Gruppierung die Schülerinnen und Schüler letztlich stammen – was sie eint, ist meiner Meinung nach, dass sie dieselben Dinge (von dir) brauchen, um groß werden zu können: Das sind Klarheit, Verlässlichkeit und ein Gegenüber, von dem sie lernen dürfen, um nachzureifen.

Klarheit bedeutet, diese Kinder und Jugendlichen wissen zu jeder Zeit, woran sie bei dir sind. Du hast alle Regeln und Erwartungen, alle erwünschten und weniger erwünschten Verhaltensweisen so klar kommuniziert, dass sie verständlich sind und prinzipiell keiner weiteren Erklärung in der jeweiligen Situation bedürfen. Erkläre zum Beispiel ganz deutlich, dass es feste Gesprächszeiten gibt. Schenke in diesen Zeiten den Kindern und Jugendlichen deine Aufmerksamkeit und mache in anderen Situationen wertschätzend deutlich, dass du dich auch anderen Themen zuwenden möchtest und musst. So lernen diese Schülerinnen und Schüler, dass es einen Rahmen gibt, in dem sie so gedeihen dürfen, wie sie sind.

Bitte prüfe für dich: Erfüllst du die Kriterien der Klarheit im Umgang mit Schülerinnen und Schülern mit distanzvermindertem Verhalten? Was läuft gut? Was möchtest du verbessern?

....

....

....

....

....

Verlässlichkeit bedeutet, in deiner Haltung (z.B. auch in der Einhaltung und Durchsetzung bestimmter Rahmenbedingungen wie Gesprächszeiten) für diese Kinder klar und einschätzbar zu sein. Je klarer und verlässlicher du in deiner Haltung bist, umso stabiler und wertvoller wird die Beziehung zu diesen Kindern und Jugendlichen werden. Gib diesen Schülerinnen und Schülern einen stabilen Rahmen.

Bitte prüfe für dich: Erfüllst du die Kriterien der Verlässlichkeit im Umgang mit Schülerinnen und Schülern mit distanzvermindertem Verhalten? Was läuft gut? Was möchtest du verbessern?

....

....

....

....

....

Ein **Gegenüber, von dem die Kinder und Jugendlichen lernen dürfen**, ist ein Vorbild. Halte auch du dich an die Strukturen, die du von den Schülerinnen und Schülern erwartest. Sei ein menschliches Vorbild. Das, was du von den Kindern und Jugendlichen erwartest, das dürfen sie auch von dir erwarten.

Bitte prüfe für dich: Erfüllst du die Kriterien der Vorbildfunktion im Umgang mit Schülerinnen und Schülern mit distanzvermindertem Verhalten? Was läuft gut? Was möchtest du verbessern?

....

....

....

....

....

Vielleicht hast du jetzt noch eine Schülerin oder einen Schüler im Kopf, bei der oder dem du die Befürchtung hast, dass die oben angesprochenen Ideen nicht fruchten. Dann habe ich noch einen weiteren Vorschlag für dich: Bitte schaue eine Woche lang bei diesem besagten Kind oder Jugendlichen ganz genau hin. Notiere dir detailliert, wie oft die Schülerin oder der Schüler zu dir kommt, sodass du am Ende der Woche auf eine Zahl kommst.

Anhand dieser Zahl legst du dann für diese Schülerin oder diesen Schüler ein haptisches „Gesprächskontingent" fest (z.B. kleine Kärtchen, Murmeln). Das „Gesprächskontingent" ist etwas kleiner als die Anzahl der Kontakte, die du gezählt hast. „Diese x Karten, das sind die Male, in denen du zwischendurch zu mir kommen kannst." Die Schülerin oder der Schüler bekommt dann für die Karte/Murmel eine vorher besprochene Zeit (ein, zwei Minuten) deine kurze, volle Aufmerksamkeit.

Zur Umsetzung brauchst du sehr viel Geduld - aber ich verspreche dir, es lohnt sich. Auch hier gilt: Pädagogik ist ein Marathon. Gehe also bitte nicht davon aus, dass nach ein oder zwei Wochen alles glatt läuft.

Meine Gedanken und Notizen dazu:

Noch eine Idee für dich: Es kann auch hilfreich sein, das Thema „Nähe und Distanz" mit der gesamten Klasse zu bearbeiten.

Klassenregeln, die funktionieren

Warum funktionieren eigentlich Klassenregeln manchmal nicht gut? Ich glaube, das hat etwas mit der allgemeinen Akzeptanz der Regeln unter den Kindern und Jugendlichen zu tun und mit dem, was man sich als Lehrkraft wünscht. Denn beim Aufstellen von Klassenregeln passiert es schnell, dass die Schülerinnen und Schüler das formulieren, was wir Erwachsenen gerne hören wollen. Schnell nimmt man als Lehrkraft direkt oder indirekt Einfluss darauf, welche Klassenregeln es denn geben sollte. So haben sich die Kinder und Jugendlichen aber die Regeln für ihre Zusammenarbeit nicht selbst gegeben.

Hand aufs Herz: Wenn Klassenregeln aufgestellt werden, hast du ein eigenes Wunschprogramm im Kopf? Nimmst du – direkt oder indirekt – Einfluss auf die Schülerinnen und Schüler? Oder gibst du die Klassenregeln gleich vor?

....

....

....

....

....

Wie finden Klassenregeln allgemeine Akzeptanz?

Regeln finden dann Akzeptanz, wenn sie aus der Masse kommen – also wenn die Schülerinnen und Schüler für ihr Miteinander ihre Regeln definieren, ohne dass von Erwachsenenseite aus direkt Einfluss genommen wird. Wie kann das in der Praxis gelingen?

Meine Idee: Sprich ein paar Stunden vor dem Aufstellen von Klassenregeln mit den Schülerinnen und Schülern über das Thema Regeln allgemein sowie über die Funktion von Regeln. Wofür sind Regeln gut? Warum muss man Regeln einhalten? Geben Regeln Sicherheit, geben sie einen Rahmen? Dass die Schülerinnen und Schüler diese Inhalte verstehen und verinnerlichen, ist ganz entscheidend. Und dann versuche bitte, die Kinder so abzuholen, dass sie ihre eigenen Ideen formulieren und nicht das, was du gerne hättest.

Meine Notizen zum Thema

Strafen, Konsequenzen, Belohnungen

Bitte nimm dir etwas Zeit und notiere detailliert: Mit welchen Strafen und/oder Konsequenzen arbeitest du? Welche verwendest du am häufigsten? Wie sieht dein System aus?

....

....

....

....

....

....

....

Bitte notiere nun, mit welchen Belohnungen du arbeitest, und beschreibe bitte, wie das System aussieht, das für dich dahintersteht.

....

....

....

....

....

....

....

Bist du mit den Ergebnissen, die du mit deinen Systemen erzielst, zufrieden? Was läuft gut? Was funktioniert nur wenig oder gar nicht? Was könnte besser laufen?

....

....

....

....

....

....

Strafen – keine gute Wahl

Ich bin kein Fan von Bestrafungen oder Strafarbeiten wie zum Beispiel Schreibaufgaben. Oft führen sie auch langfristig nicht zu dem Ergebnis, das man sich als Lehrkraft wünscht. Woran liegt das?

Strafe und Verhalten stehen oft in gar keinem oder keinem sinnvollen inhaltlichen Zusammenhang miteinander. Dies ist zum Beispiel auch in folgender Situation der Fall: Kind X wirft seinen Müll nicht in den Mülleimer, sondern ins Gebüsch. Als Strafe gibt es eine Schreibaufgabe zum Thema „Warum man Müll nicht in die Natur wirft".

Willkürliche Bestrafungen führen in der Regel zu keiner Verhaltensänderung. Zum Lernen brauchen Kinder und Jugendliche Konsequenzen und diese müssen sich von Strafen abheben. Ein reines Strafensystem sorgt nur für Frust, denn es belohnt ja nicht. Die oben genannte Schreibaufgabe sorgt beim Schüler X eben nur für Frust und führt damit wahrscheinlich langfristig nicht zur Verhaltensänderung.

Wie sieht es mit Belohnungssystemen aus?

Grundsätzlich ist es natürlich nicht verkehrt, Kinder und Jugendliche dafür zu belohnen, wenn sie etwas gut gemacht haben.

Es gibt aber einen Nachteil von Belohnungssystemen: Das gewünschte Verhalten wird von den Schülerinnen und Schülern oft nur gezeigt, um die Belohnung zu bekommen. Fällt dann (warum auch immer) die Belohnung weg, gibt es keinen Grund mehr, das gewünschte Verhalten weiter zu zeigen.

Meine Gedanken und Ideen

Ich bin kein großer Fan von Belohnungs- und Bestrafungssystemen, wie sie in manchen Schulen eingesetzt werden. Es ist aber vollkommen okay, wenn du sie verwendest, weil es für dich und deine Schule funktioniert. Aber vielleicht kannst du hier ein bisschen Input mitnehmen, um an der einen oder anderen Stellschraube zu drehen.

Warum Konsequenzen wählen?

Strafen sorgen also für Frust und haben nur wenig Lerneffekte und bei Belohnungssystemen besteht die Gefahr, dass das gewünschte Verhalten nur der Belohnung wegen gezeigt wird (und entsprechend schnell endet, wenn es die Belohnung nicht gibt).

Meiner Erfahrung nach sind Konsequenzen, die direkt mit der Regel bzw. dem Regelbruch verknüpft sind, sinnvoller und haben einen nachhaltigeren Lerneffekt für die Schülerinnen und Schüler.

Aber was macht gute Konsequenzen aus?

Bitte nimm dir kurz Zeit und notiere, bevor du weiterliest, was aus deiner Sicht gute Konsequenzen ausmachen.

....

....

....

....

....

....

....

....

....

....

....

....

....

....

....

Meiner Meinung nach haben gute Konsequenzen folgende Kriterien:

1. Konsequenzen müssen bekannt sein – eigentlich logisch, aber in der Praxis geht das manchmal schnell verloren. Ich empfehle, die Konsequenzen direkt mit zu erarbeiten, wenn die Klassenregeln aufgestellt werden.

2. Konsequenzen müssen einen logischen und direkten Zusammenhang mit dem haben, was gerade passiert ist. Ein direkter Zusammenhang ist zum Beispiel, dass ein Kind, das seinen Müll statt in den Mülleimer im Klassenraum danebengeworfen hat, den Klassenraum sauber machen muss (und nicht: Schreibaufgabe, warum man Müll in den Mülleimer werfen muss).

3. Die Schülerin bzw. der Schüler, die/der eine Konsequenz erfährt, muss ins Handeln kommen und etwas tun. Vielleicht das aus Kriterium Nr 4:

4. Eine Konsequenz muss empathisches Lernen möglich machen und das geht am besten über eine Wiedergutmachung. Das heißt, die Schülerin oder der Schüler sollte sich um die Person kümmern bzw. etwas für die Person tun, der es Schaden zugefügt hat.

5. Die Konsequenz erfolgt zeitnah, damit eine Verknüpfung zwischen Verhalten und Konsequenz im Gehirn entstehen kann. Das zeitnahe Umsetzen der Konsequenzen ist die größte Herausforderung im Kontext Schule.

Bitte prüfe die Konsequenzen, die du bereits einsetzt, anhand dieser Kriterien. Was läuft schon gut? Was möchtest du in Zukunft eventuell anders machen?

....

....

....

....

....

....

....

....

....

....

....

Konsequenzen müssen (und sollten) übrigens nicht immer negativ sein. Wichtig ist, dass du als Lehrkraft in deiner Haltung konsequent bist und damit Sicherheit und Verlässlichkeit gibst. Sowohl in die negative wie in die positive Richtung.

Das goldene Zeitfenster für Konsequenzen

Konsequenzen sollten zügig erfolgen. Es gibt nur ein gewisses Zeitfenster, in dem das Gehirn von Kindern und Jugendlichen die Konsequenz mit der eigentlichen Tat in Verbindung bringt und so ein Lerneffekt erzielt werden kann.

Formel zur Berechnung des Zeitraums:
Alter der Schülerin / des Schülers x 2 in Minuten.

Beispiel: Bei einem 6-jährigen Kind hast du 12 Minuten Zeit für eine sinnvolle Konsequenz mit Lerneffekt. Nach 12 Minuten sinkt die Wahrscheinlichkeit gen null, dass ein Lerneffekt erzielt werden kann.

Achtung: Das Zeitfenster gilt für das Durchführen der Konsequenzen, nicht für die Ankündigung, dass es eine Konsequenz geben wird!

Bitte betrachte die in deiner Arbeit typischerweise vorkommenden Zeitfenster zwischen dem Fehlverhalten und der Konsequenz. Finden die Konsequenzen im passenden Zeitfenster für einen guten Lerneffekt statt? Wo kannst du nachbessern? Worauf möchtest du in Zukunft achten?

....

....

....

....

....

....

....

....

....

....

....

Konsequenzenplakat statt Regelplakat

An dieser Stelle möchte ich gerne noch einen Lifehack mit dir teilen: Erstelle doch mal kein Regelplakat mit deinen Schülerinnen und Schülern, sondern ein Konsequenzenplakat.

Ich behaupte – und das ist zugegebenermaßen eine steile These –, dass auf den meisten Regelplakaten das steht, was wir Pädagoginnen und Pädagogen für richtig halten. Die meisten dieser Regeln sind aber oft nicht so demokratisch entstanden, wie wir uns das auf die Fahnen schreiben.

Real Talk: Am Ende des Tages stehen doch, trotz Klassenrat und anderer Beteiligungsverfahren, die Regeln auf dem Plakat, die wir Pädagoginnen und Pädagogen für wichtig erachten. Selbst wenn sich die Schülerinnen und Schüler basisdemokratisch einstimmig dafür entscheiden würden, dass es okay ist, die Füße auf den Tisch zu legen – diese Regel würde es doch nie auf ein Regelplakat schaffen! Eine einstimmige Entscheidung der Kinder dafür, nur noch mit Pinsel und Wassermalfarbe zu schreiben, schafft´s auch in deiner Klasse garantiert nicht aufs Regelplakat, oder?

Wir machen die Plakate, weil wir denken, sie sind wichtig. Aber Hand aufs Herz: Meinst du nicht, dass die meisten Kinder und Jugendlichen die Grundregeln eh kennen? Die Schülerinnen und Schüler wissen doch, dass man sich im Unterricht meldet, dass man sich gegenseitig ausreden lässt, dass man sich nicht schlägt und so weiter.

Mein Lifehack für dich

Ich möchte dir gerne eine andere Vorgehensweise vorschlagen: Anstatt mit den Schülerinnen und Schülern gemeinsam ein Regelplakat zu erstellen, bringe doch mal ein Plakat mit, auf dem deine Regeln bereits stehen. Nimm´ die fünf Regeln, die dir besonders wichtig sind.

Warum schlage ich das vor? Weil ich glaube, dass wir Pädagoginnen und Pädagogen den Kindern und Jugendlichen einen Lernrahmen bieten dürfen. Das ist meiner Meinung nach vollkommen in Ordnung.

Aber anstatt mit den Schülerinnen und Schülern nun in die Diskussion über die Regeln zu gehen, empfehle ich dir, mit ihnen ein zusätzliches Konsequenzenplakat zu erarbeiten.

Leitsätze:

- Wie wollen wir alle damit umgehen, wenn sich nicht an Regeln gehalten wird?
- Wie wollen wir damit umgehen, wenn alles gut läuft?

Der Effekt ist, dass du so viel mehr Verständnis für Regeln und Konsequenzen bei den Schülerinnen und Schülern schaffst. Du erhältst Akzeptanz für die gemeinsam festgelegten Konsequenzen und du beugst vor, dass du in Konfliktmomenten schnell Konsequenzen aus dem Ärmel schütteln musst. Denn es wurde ja schon vorher definiert, was wann passiert.

Du wirst erstaunt sein, welche Vorschläge von den Schülerinnen und Schülern kommen. Aber Achtung: Wir Pädagoginnen und Pädagogen müssen dann darauf achten, dass wir über Konsequenzen reden und nicht über Strafen. Strafen sind kein legitimes Mittel!

Meiner Meinung nach ist das Sprechen über Konsequenzen in der Klasse viel wertvoller als das Erstellen eines Regelplakates.

Reminder: Konsequenzen ja, Strafen nein! Achte bitte auf den Unterschied. Was richtig gute Konsequenzen ausmacht, erfährst du auf den nächsten Seiten.

Meine fünf Regeln, die mir wichtig sind:

Meine Gedanken und Notizen zum Thema:

Ampelsysteme, Elternbriefe & Co.

Zu Beginn lass uns einmal auf den Status quo an deiner Schule schauen:

Wie kommen Ampelsysteme, Elternbriefe, Rote Karten & Co. aktuell in deinem Alltag als Lehrkraft zum Einsatz? Was sind aus deiner Sicht die positiven und negativen Aspekte?

....

....

....

....

....

Die Ampel

Gleich vorweg sei gesagt: Wenn du mit Ampelsystemen oder Ähnlichem arbeitest und das für dich gut funktioniert, passt das! Ich weiß, dass die Ampel für viele Lehrkräfte im oft turbulenten Schulalltag ein Instrument ist, das einfach zwischen all den vielen Baustellen, die es im Kontext Schule gibt, seinen Zweck erfüllt. Und das ist auch okay so. Was ich aber gerne machen möchte, ist, dass ich dir ein paar Gedanken und Impulse zu dem Thema dalasse. Vielleicht ist etwas dabei, was du für dich mitnehmen kannst.

Ich persönlich glaube, dass diese Ampel nicht das kann, was man sich als Lehrkraft davon verspricht. Und das hat mehrere Gründe:

- Kinder und Jugendliche, die sich nicht wie gewünscht verhalten, werden mit einer gewissen Willkür irgendwann auf gelb oder rot gesetzt. Wann was gesetzt wird, liegt im Ermessensspielraum der Lehrkraft. Oft ist für die Schülerinnen und Schüler gar nicht klar geregelt, ab wann sie auf gelb und ab wann sie auf rot gesetzt werden.

Checke das doch mal für dich, falls du mit einem Ampelsystem arbeitest: Ist für deine Schülerinnen und Schüler ganz klar kommuniziert, ab wann sie auf gelb und ab wann sie auf rot gesetzt werden? Gibt es klare, verbindliche Richtlinien, an die sich die Schülerinnen und Schüler halten können?

....

....

....

....

....

....

- Ein Fehlverhalten und die Konsequenz daraus müssen inhaltlich direkt verknüpft sein und zeitlich direkt aufeinanderfolgen. Dies trifft bei Ampelsystemen allerdings nicht zu. Allein schon die zeitliche Verzögerung ist viel zu groß. Durch die fehlende inhaltliche Verknüpfung ist auch emotionales Lernen nicht wirklich möglich (z.B. direkte Wiedergutmachung oder empathisch nachfühlen können, was passiert ist).

Meine Gedanken und Ideen:

- Oft verursacht die Ampel eher ein öffentliches Zurschaustellen der Kinder und Jugendlichen, die sich (mal wieder) nicht an den Kontext halten. Die Schülerinnen und Schüler werden so vielleicht auf ein gewisses Verhalten konditioniert, aber das funktioniert nur kurzfristig. Die Ampel ermöglicht kurzfristige Regulation, aber keine langfristige Verhaltensänderung bzw. ein langfristiges Lernen.

Meine Gedanken und Ideen:

Auf die Kinder und Jugendlichen mit auffälligerem Verhalten, für die wir uns langfristig eine ernst zu nehmende Verhaltensänderung wünschen, haben Ampelsysteme dauerhaft keinen Impact.

Die Alternative zur Ampel

Zu Recht fragst du dich jetzt vielleicht: „Aber was ist denn dann die Alternative zur Ampel?"

Und leider muss ich dir sagen: Es gibt keine richtige Alternative. Es gibt einfach kein System, das so einfach einzuführen und umzusetzen ist wie die Ampel.

Die beste Alternative ist meiner Meinung nach die individuelle pädagogische Arbeit. Und die benötigt Zeit – Zeit, die Lehrkräften oft im Arbeitsalltag fehlt. Es benötigt die Zeit, von vorneherein mit Kindern und Jugendlichen zu erarbeiten, welche Strukturen und Konsequenzen es geben kann, damit man gar nicht erst an den Punkt kommt, an dem man irgendwelche Konflikte mit Ampelsystemen regulieren muss. Es ist eine enorme Herausforderung, das im Schulalltag zu leisten. Und deshalb haben alle Lehrkräfte, die der Zweckmäßigkeit halber mit der Ampel arbeiten, mein volles Verständnis.

Die kleine Alternative zur Ampel

Trotzdem habe ich eine kleine Alternative zur Ampel für dich.

Schauen wir uns dafür noch mal kurz das Thema gute Konsequenzen an: Eine Konsequenz ist dann richtig gut,

- wenn sie Lernen ermöglicht,
- wenn sie zeitnah erfolgt, sowie
- wenn sie die Möglichkeit bietet, empathisch nachfühlen zu können, was passiert ist,
- wenn eine Wiedergutmachung erfolgt
- wenn es einen direkten Zusammenhang zwischen Tat und Konsequenz gibt.

Drei dieser Kriterien kannst du über die Wiedergutmachung mit dem Faktor Zeit erreichen: Jede Unterrichtsstörung bzw. deren Klärung kostet per se erst mal Zeit. Diese Zeit kann der Schüler oder die Schülerin, der/die für den Zeitverlust gesorgt hat, dir oder der Klasse zurückgeben.

Beispiel

Du diskutierst fünf Minuten lang mit Schülerin X, weil sie den Unterricht gestört hat. Diese Zeit holst du dir von der Schülerin zurück: „Ich habe gerade fünf Minuten damit verbracht, das mit dir zu klären. Diese fünf Minuten bekomme ich / bekommt die Klasse von dir zurück." Denke bitte daran: Erkläre deine Gedanken dahinter – und der Ton macht die Musik.

Für die praktische Umsetzung wähle bitte Handlungen, die zu dir passen. Hier nur eine Idee: Wenn du jeden Tag fünf Minuten vor oder nach dem Unterricht den Klassenraum vorbereitest oder aufräumst, kann die Schülerin dir deine verlorene Zeit wieder zurückgeben, indem sie dir dabei hilft. (Hier ist das Kriterium des zeitnahen Umsetzens eben leider nicht gegeben.)

Notiere dir gerne einige Ideen, wie du dir oder deiner Klasse Zeit zurückgeben lassen kannst.

So kann ich mir Zeit zurückgeben lassen:	So kann ich der Klasse Zeit zurückgeben lassen:
....	....
....	....
....	....
....	....
....	....
....	....
....	....
....	....
....	....
....	....
....	....
....	....

Elternbriefe & Co.

Na klar, Elternbriefe müssen manchmal sein und haben auch ihre Berechtigung – keine Frage!

Nachdem wir eben die Ampelsysteme genauer angeschaut haben, kannst du dir wahrscheinlich schon herleiten, welche ABER-Punkte ich zu Elternbriefen habe und warum ich nicht finde, dass sie ein passendes Instrument für nachhaltiges Lernen und nachhaltige Verhaltensänderungen bei Schülerinnen und Schülern sind.

Daher lade ich dich ein: Schreibe du es doch bitte mal auf!

....

....

....

....

....

....

....

....

....

Unterrichtsstörungen minimieren

Bitte nimm dir etwas Zeit und notiere, welche Formen der Unterrichtsstörungen typischerweise in deinem Schulalltag vorkommen und wie du auf sie reagierst. Wie sieht deine Kommunikation gegenüber deinen Schülerinnen und Schülern aus?

....

....

....

....

....

....

....

Was machen Unterrichtsstörungen mit dir? Regen sie dich auf, gehen sie spurlos an dir vorbei ...? Beschäftigen dich Unterrichtsstörungen auch nach Schulschluss? Wenn ja, in welchen Fällen?

....

....

....

....

....

....

....

Zunächst einmal: Störungen sind normal! Du kannst sie nicht komplett verhindern. Habe also bitte nicht die Erwartung, dass du als Lehrkraft dafür sorgen kannst, dass es nicht zu Störungen kommt.

Es ist ganz normal, dass die Schülerinnen und Schüler auch Grenzen testen.

Die Hauptursache für Unterrichtsstörungen

Ursachen für Unterrichtsstörungen sind vielfältig – angefangen bei den verschiedenen Charakteren der Schülerinnen und Schüler über ihr Elternhaus bis hin zu Institution Schule selbst.

Aus meiner Sicht gibt es aber eine Hauptursache für Unterrichtsstörungen. Und das bist du selbst als Lehrkraft.

Warum ich diese Meinung vertrete? Weil du als Lehrkraft ungefähr 90 Prozent des Redeanteils hast und daher im Vorfeld sehr viel dafür tun kannst, dass es erst gar nicht zu Störungen kommt. Du hast also vieles selbst in der Hand.

Hand aufs Herz: Erinnerst du einige Situationen, in denen du als Lehrkraft Unterrichtsstörungen selbst ausgelöst hast? Notiere hier bitte die Situation und warum du damals so gehandelt hast. Was würdest du aus heutiger Sicht anders machen?

....

....

....

....

....

....

Unterrichtsstörungen minimieren

Erwartungen kommunizieren

Kläre im Vorfeld die Erwartungen, die du an deine Schülerinnen und Schüler hast, mit ihnen. Was für dich vielleicht logisch ist („Das müssten die doch wissen, dass…“) ist für die Schülerinnen und Schüler vielleicht gar nicht so deutlich geworden. Achte auf eine gute Kommunikation deiner Erwartungen.

Schaue bitte in der kommenden Woche darauf, deine Erwartungen an die Schülerinnen und Schüler deutlich zu kommunizieren und nicht als selbstverständlich vorauszusetzen. Was hast du beobachtet? Hat sich etwas verändert (sowohl im Verhalten der Schülerinnen und Schülern wie auch bei dir)?

....

....

....

....

....

....

Spannenden Unterricht gestalten

Bitte nimm dir kurz Zeit und überlege: Wärst du eigentlich gerne bei dir selbst Schülerin oder Schüler? Ist dein Unterricht spannend, abwechslungsreich und motivierend? Was ist gut? Was könnte besser sein?

....

....

....

....

....

Meine Bitte an dich: Plane deinen Unterricht so, dass er spannend, abwechslungsreich, überraschend und motivierend ist. Verwende verschiedene Methoden, denke an den Realitätsbezug usw. Schaffe einen Unterricht, in dem die Schülerinnen und Schüler gerne mitarbeiten, sodass es dadurch zu weniger Unterrichtsstörungen kommt. Denke auch daran, Arbeitsanweisungen klar zu formulieren.

Dein Standing in der Klasse

Unterrichtsstörungen treten deutlich seltener bei Lehrkräften auf, die ein entsprechendes Standing in der Klasse haben. Daher lohnt sich der Blick darauf.

Wie ist es um dein Standing in der Klasse bestellt?

....

....

....

....

....

Hat es dir Unbehagen bereitet, dich mit dieser Frage auseinanderzusetzen? Wenn ja, notiere bitte deine Gedanken dazu.

....

....

....

....

Was hilft, wenn es zu Unterrichtstörungen kommt

Bei Unterrichtsstörungen gibt es kein Patentrezept. Aber ich möchte dir ein paar Ideen vorstellen, wie es in Zukunft für dich leichter gehen kann:

- Bitte ignoriere Störungen nicht. Sei präsent. Sonst lernen die Schülerinnen und Schüler, dass es nicht stört und sie weitermachen können.
- Bitte probiere nicht sprunghaft verschiedene Maßnahmen aus: Mal konsequent, mal nicht konsequent, mal Strafarbeit, mal mehr Hausaufgaben, mal die Kinder auseinandersetzen ... etc. Versuche, in dein Handeln einen roten Faden reinzubringen.
- Achte auf die räumliche Entfernung zum störenden Kind (Thema Nähe und Distanz): Bist du zu weit weg, wirkt es auf die Schülerinnen und Schüler eventuell so, als ob dir die Störung nicht so wichtig ist. Bist du zu nah dran, wirkt das eventuell bedrohlich. Dann kann es passieren, dass aus einer Mücke ein Elefant wird.
- Schenke einer Unterrichtsstörung nicht unnötig viel Zeit. Halte den Aufwand klein und mache keine große Sache draus. Mache das Problem also nicht größer, als es ist. Sonst gibst du dem Schüler oder der Schülerin für sein/ihr Fehlverhalten unnötig viel Aufmerksamkeit. Das birgt die Gefahr, dass sich die Kinder bzw. Jugendlichen dann über diesen Weg Beziehung zu dir holen.

Bitte achte in der kommenden Woche ganz gezielt darauf, die oben genannten Tipps bei Unterrichtsstörungen umzusetzen. Was fiel dir leicht, was schwer? Welche Effekte hast du an dir und an deinen Schülerinnen und Schülern beobachtet?

GUTE VORBEREITUNG ALS BASIS FÜR SOUVERÄNE UND AUTHENTISCHE KOMMUNIKATION

Gut gewappnet für Unterrichtsstörungen

Viele Dinge rund um Unterrichtsstörungen sind deutlich leichter umzusetzen, wenn du sie vorbereitest, statt erst im Ernstfall eine passende Reaktion aus dem Ärmel schütteln zu wollen. Lege daher bitte genauso viel Wert auf die Unterrichtsvorbereitung wie auf deine Vorbereitung auf eventuelle Unterrichtsstörungen.

Konsequenzenliste

Fertige dir eine Konsequenzenliste an: Was passiert ganz konkret bei welcher Störung?

Unterrichtsstörung	Konsequenz
....	....
....	....
....	....
....	....
....	....
....	....
....	....
....	....
....	....
....	....

Kommuniziere diese Konsequenzen deutlich an alle Beteiligten: natürlich an die Schülerinnen und Schüler, aber auch an die Eltern, an beteiligte Kolleginnen und Kollegen usw.

Liste von Konsequenzen bedeutet übrigens nicht Strafenkatalog! Konsequenz bedeutet für mein Verständnis Klarheit: Jeder Schüler und jede Schülerin weiß zu 100 Prozent, was bei welcher Form der Störung passiert.

Nonverbale Signale

Überlege dir klare nonverbale Signale, die du im Falle einer Unterrichtsstörung geben kannst. Übe die Signale (zum Beispiel vor dem Spiegel zu Hause aus). Reflektiere auch, ob die Signale authentisch zu dir passen oder suche sonst nach Alternativen.

Zum Beispiel: Mit der Hand auf den Schüler oder die Schülerin zeigen oder ein Stoppsignal mit der Hand geben. Deine Mimik, Gestik und Körperhaltung müssen in diesem Moment zeigen, dass dir nicht gefällt, was gerade passiert. Meist reicht das schon – in ca. 60 % der Fälle.

Standardsätze vorformulieren

Notiere dir vorab einige Standardsätze, die du bei Unterrichtsstörungen sagen kannst. Achte bitte darauf, dass du Ich-Botschaften formulierst.

Beispiel: „**Ich** möchte, dass **du** aufhörst, **meinen** Unterricht zu stören."

Tipp zu Ich-Botschaften:
Stelle hier bitte keine Fragen! Das passiert schneller, als man denkt!
Beispiele: „Könntet ihr jetzt bitte leise sein?" „Könntest du jetzt bitte aufhören, meinen Unterricht zu stören?"
Stelle bitte keine Fragen, die dann auch noch mit „Nein" beantwortet werden könnten.

....

....

....

....

....

....

....

Humor und Schlagfertigkeit

Mit einer guten Prise Humor und Schlagfertigkeit kannst du die Schülerinnen und Schüler wieder ins Unterrichtsgeschehen einbeziehen und gleichzeitig deutlich machen, dass du ihre Unterrichtsstörung wahrgenommen hast.

Beispiel: „Ah, ich sehe, du bist mit deinem Nachbarn X voll im Thema, super! Beteiligt euch gerne laut oder seid leise."

Hier lohnt es sich, einige Standardfälle im Kopf durchzugehen und zu überlegen, ob du schlagfertige und humorvolle Formulierungen findest, die zu dir passen. Ganz wichtig: Liegt dir das nicht, dann lasse es bitte. Es ist wichtig, dass du authentisch bleibst.

Situation	Formulierung
....	....
....	....
....	....
....	....
....	....
....	....
....	....
....	....
....	....
....	....
....	....
....	....
....	....
....	....
....	....
....	....
....	....
....	....
....	....
....	....
....	....
....	....
....	....

Weitere Maßnahmen ergreifen

Wenn vorherige Maßnahmen nicht gegriffen haben, kann es sein, dass du zum Beispiel auch Schülerinnen und Schüler umsetzt oder störende Objekte von den Kindern oder Jugendlichen entfernen lässt (z.B. Lineal, Trinkflasche …). Mir wäre wichtig, dass du die Objekte von den Schülerinnen und Schülern zu dir bringen lässt und nicht wegnimmst. Dafür musst du als Lehrpersönlichkeit aber ein gewisses Standing haben.

Auch hier lohnt es sich, einige Standardfälle im Kopf durchzugehen und dir vorab Handlungsoptionen und Formulierungen zu überlegen, damit du sie in den entsprechenden Situationen im Kopf parat hast.

Situation	Handlungsoptionen/Formulierungen

Sanktionen sind manchmal notwendig

Um Sanktionen wirst du nicht immer herumkommen – ab einem gewissen Punkt gehören sie dazu. Setze Sanktionen bitte klug und gezielt ein.

Die Sanktionen erfolgen zeitnah (Beispiel Hausaufgaben immer wieder vergessen: Kind muss sich hinten in die Klasse setzen, die Hausaufgabe sofort nachholen und alles aus der Unterrichtsstunde Verpasste hat das Kind ebenfalls als Hausaufgabe auf), haben einen direkten Bezug zu der Unterrichtsstörung und sind möglichst unangenehm.

Für Standardsituationen kannst du dir hier passende Sanktionen notieren und sie anhand der genannten Kriterien überprüfen.

Situation	Sanktion

Ein Gedanke noch zum Thema Störungen:
Störungen müssen von den Kindern und Jugendlichen nicht immer gewollt sein. Es gibt Schülerinnen und Schüler, die sind mit ihren Verhaltensweisen so besonders und so auffällig, dass es manchmal schon dadurch zu Unterrichtsstörungen kommt. In manchen Fällen können auch psychische Störungen dahinterstecken.

Deine Top-5-Herausforderungen

Souveränität ist das Wissen um das, was für dich schwierig werden kann und deine perfekte Vorbereitung darauf.

Was meine ich damit? Manchmal ist es gar nicht so einfach, in bestimmten Situationen souverän und authentisch zu bleiben und gut zu kommunizieren. Aber ich bin mir sicher, dass die spontan sicherlich einige wiederkehrende Situationen in deinem Schulalltag einfallen, die dich immer wieder herausfordern. Genau auf diese Situationen kannst du dich gezielt vorbereiten.

Schau dir bitte deinen Alltag an und überlege dir die fünf häufigsten Herausforderungen in der Kommunikation mit deinen Schülerinnen und Schülern, die du in deinem Unterricht und deinem pädagogischen Alltag erlebst. Nimm dir dann bitte die Zeit und bereite dich gezielt darauf vor, indem du einen Plan entwirfst und passende Sätze notierst.

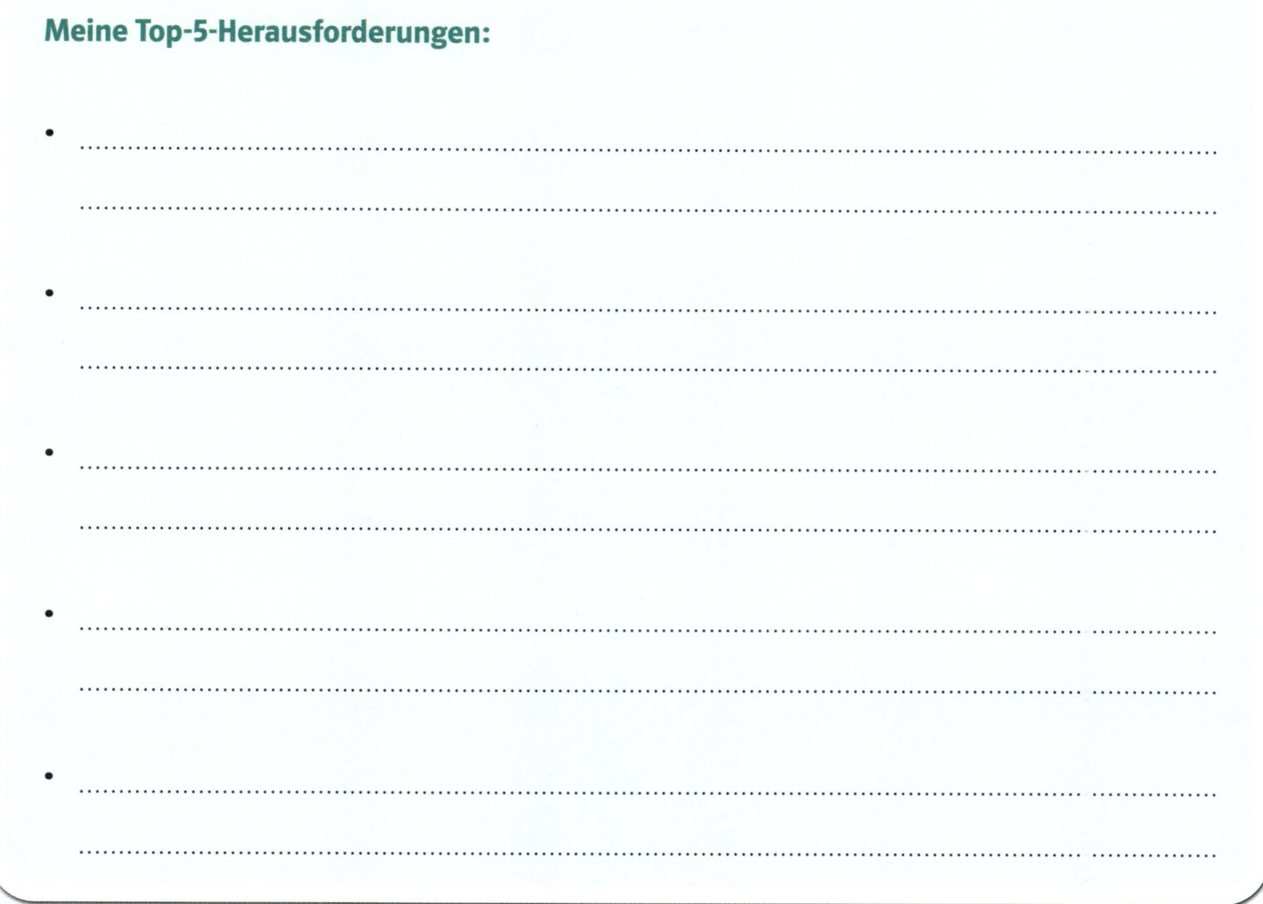

Meine Top-5-Herausforderungen:

- ....
  ....
- ....
  ....
- ....
  ....
- ....
  ....
- ....
  ....

Im Folgenden findest du Platz für deine detaillierte Vorbereitung:

Herausforderung 1

Situation:

....

....

....

So habe ich bislang reagiert:

....

....

....

Mein Plan für die Zukunft (inklusive passender Sätze, die ich sagen kann):

....

....

....

Herausforderung 2

Situation:

....

....

....

So habe ich bislang reagiert:

....

....

....

Mein Plan für die Zukunft (inklusive passender Sätze, die ich sagen kann):

....

....

....

Herausforderung 3

Situation:

....

....

....

So habe ich bislang reagiert:

....

....

....

Mein Plan für die Zukunft (inklusive passender Sätze, die ich sagen kann):

....

....

....

Herausforderung 4

Situation:

....

....

....

So habe ich bislang reagiert:

....

....

....

Mein Plan für die Zukunft (inklusive passender Sätze, die ich sagen kann):

....

....

....

Herausforderung 5

Situation:

....

....

....

So habe ich bislang reagiert:

....

....

....

Mein Plan für die Zukunft (inklusive passender Sätze, die ich sagen kann):

....

....

....

Weitere Gedanken und Ideen

Hier findest du einige typische Situationen rund um die Kommunikation mit Schülerinnen und Schülern, nach denen ich oft gefragt werde. Wenn du magst, überlege dir und notiere, wie du in diesen Situationen bestmöglich reagieren könntest.

Stichworte: authentische und klare Kommunikation, Ball flach halten, Wertschätzung, Humor (…)

Situation 1

Schüler Max läuft in Schule mit einem Trinkpäckchen herum und will es in den Papierkorb werfen. Er wirft daneben und das Trinkpäckchen landet auf dem Fußboden.

In deiner Schule gilt die Regel: Müll wird in den Papierkorb geworfen.

So gehe ich vor:

....

....

....

....

....

....

Situation 2

Das neue Schuljahr beginnt. Selbstverständlich braucht ihr in deiner neuen Klasse auch Klassenregeln. Wie gehst du das Thema an?

So gehe ich vor:

....

....

....

....

....

....

Situation 3

Schülerin Julie trägt gerne Kappen und will ihre Kappe heute nicht im Unterricht absetzen. Die Schulordnung sieht aber vor, dass keine Kappen im Unterricht getragen werden.

So gehe ich vor:

....

....

....

....

....

Situation 4

Schüler Matteo hängt dir ständig am Bein und erzählt dir tagein, tagaus von allen Kleinigkeiten, die er erlebt hat und die ihm durch den Kopf gehen. Du bist ziemlich genervt.

So gehe ich vor:

....

....

....

....

....

Situation 5

Schülerin Enna ist sehr ängstlich und hat Sorge, im Unterricht zu versagen. Wie kannst du sie unterstützen?

So gehe ich vor:

....

....

....

....

....

Situation 6

Wie kannst du welchen Charaktertyp als Lehrkraft bestmöglich unterstützen und gut mit der Schülerin bzw. dem Schüler kommunizieren? Bitte notiere.

Leader-Kind	Konzept-Kind
....	....
....	....
....	....
....	....
....	....
....	....
....	....
....	....
....	....
....	....
....	....
....	....

Chaos-Kind	„Ich mach' das"-Kind
....	....
....	....
....	....
....	....
....	....
....	....
....	....
....	....
....	....
....	....
....	....
....	....